高校生の参加と共同による主権者教育

生徒会活動・部活動・地域活動でシティズンシップを

首都大学東京
宮下与兵衛
Yohee Miyashita

かもがわ出版

まえがき――主権者教育をすすめるために

18歳選挙権が実現し、文部科学省（文科省）がそれに向けて新しい通知を出し、副教材を高校生全員に配布して学校に学習させるように指示しました。また、18歳選挙権に関する本も次々に発行されています。

主権者教育・有権者教育・シティズンシップ教育とは

主権者教育、有権者教育、シティズンシップ教育、政治教育。これらが現在のキーワードになっています。主権者、有権者、シティズン（市民）はそれぞれ、どう異なっているのでしょうか。

まず有権者というのは選挙権をもつ人です。選挙権には被選挙権もありますが、今回この年齢は引き下げられませんでした。文科省の副教材は、「有権者として求められる力を身に付けるために」とされているように、その内容は、選挙を中心に「政治的教養を育む教育」という有権者教育になっています。また、18歳選挙権に関する本のほとんども有権者教育のためのものです。

それでは主権者とは何でしょう。憲法のテキストで最も権威ある芦部信喜氏の『憲法　第六版』では、日本国憲法の「主権が国民に存することを宣言し」の国民とは、「有権者」と「全国民」の両方を指す、としています。したがって、18歳未満の子どもたちも主権者なのです。子どもたちにも憲法や子どもの権利条約で保障された基本的人権や主権者としてのさまざまな権利があります。それらの権利を認識し、権利を行使できる力、そして、18歳からは有権者として、国の政治のあり方を最終的に決定する力と憲法をつくる力（憲法制定権力）とを獲得していくのが主権者教育といえるでしょう。文科省の通知では「主権者」という言葉も使われていますが、18歳主権者という意味で使われていて、子どもたちも主権者であるという意味ではないようです。

次にシティズンとは市民のことです。世界的には民主主義の教育が広く行われてきましたが、1990年代からシティズンシップ教育が各国ですすめられています。シティズンシップ教育は市民性の教育、つまり市民としての資質・能力を育む教育ということです。市民は国民よりも広い概念になります。国連という考え方の元になったといわれているカントの『永遠平和のために』の中で「世界市民」という考えが述べられていますが、グローバル化のもとで、ＥＵなどに見られるように世界市民、地球市民という考え方はリアルなものになってきています。国際紛争、ＰＫＯ、難民受け入れ、ＴＰＰ問題などのグローバルな問題は急増しており、国の主権者を育てる主権者教育よりもこうした国際的な問題も考えていくシティズンシップ教育の方が広い教育内容になります。

これらの有権者教育、主権者教育、シティズンシップ教育にとって政治教育は中心的な教育です。政治教育は文科省のいう「政治的教養を育む教育」であるだけでなく、政治的権利を行使できる力を育む教育でなくてはなりません。

文科省の副教材では模擬選挙、模擬議会、模擬請願、ディベートなどが実践案として奨励されています。また、多くの本もこうした実践事例の紹介が多く、内容的には社会科、公民科ですすめる有権者教育という内容になっています。

しかし主権者教育はどの教師もできる多様な教育であり、この本では、生徒会活動や部活動や地域活動による主権者教育を中心に考えてみたいと思います。

生徒会活動・部活動・地域活動による主権者教育を

信濃毎日新聞が長野県内の高校生１４００人の意識調査をした結果（２０１６年1月28日発表）では、「政治への関心がある」（「ある程度ある」を含む）は生徒会役員経験者が58・0％で、一般会員は48・2％でした。また、同じ回答が生徒全体は52・0％だったのに対し、ボランティアなどの社会貢献活動をしている生徒は56・9％、公民館活動などの地域活動をしている生徒は64・3％でした。また、部活動をしていない生徒は43・5％でしたが、文科系の部活をしている生徒は56・3％、運動系の部活をしている生徒は52・5％でした。

さらに、「自分が社会参加することで社会が変えられると思うか」の問いでは、「変えられる」（「少しは変えられる」を含む）が生徒全体では33・1％だったのに対し、社会貢献活動や地域活動をしている生徒はそれぞれ53・4％、52・3％でした。

この調査結果から分かることは、生徒会活動や部活動や地域活動をしている生徒は主権者意識が高いということです。

高校生の参加と共同による主権者教育とは

高校生が、生徒会活動や部活動で学校内での自治的な活動に参加して、教職員や保護者と共同して学校づくりをすすめています。また、地域でのボランティア活動や地域の文化活動やまちづくり活動に参加して、地域の人たちと共同して地域づくりをすすめています。これらの高校生の活動をこの本で紹介します。

こうした体験を通じて、知識だけでは得られない、学校の主人公、地域の主人公という主権者意識や市民意識（シティズンシップ）を向上させていくことができます。そして、主権者、市民としての権利を学び、その権利を行使できる力を身につけることができます。同時に、自分たちが参加してつくった校則などのルールを守り、また学校や地域を大切にしていく責任というものを自覚していくことができます。

これらの生徒会活動や部活動や地域活動などは、すべての教師が関わることのできるもので、そうした活動を通じて主権者教育ができます。

また、学校づくりや地域づくりへの参加では、生徒たちを自覚的な主権者に育てていくだけでなく、教職員も保護者も地域住民も、さらに自覚的な主権者に育っていくことができます。生徒の声を聴く、生徒と話し合う、話し合いで生徒の要求に合意できたら実施する。こうした民主主義を学校づくりと地域づくりに取り入れ、ともに民主主義的な主権者に育っていくために、生徒、教職員、父母、地域のみなさんに読んでいただきたいと願います。

高校生の参加と共同による主権者教育

生徒会活動・部活動・地域活動でシティズンシップを

もくじ

装丁　菅田　亮

第１章

18歳選挙権と主権者教育・政治教育をめぐって
――すべての生徒に主権者教育を

18歳選挙権が実現することになりました。世界192の国・地域のうち、170の国・地域が18歳（それ以下も含む）選挙権を実施していて、OECD加盟国34カ国の中で、18歳選挙権でないのは、韓国（19歳）と日本（20歳）だけでした。キューバなどとともにオーストリアも2007年から16歳選挙権にし、イギリスやドイツ、デンマーク、スウェーデンなどでも16歳選挙権が検討されています。

18歳選挙権実施に向けて、20歳代の投票率の低さから「主権者」教育の必要性が政府から提唱され、文科省は18歳選挙権に向けて「政治的教養教育と高校生の政治活動に関する通知」を出し、生徒学習用の副教材を全高校生に配布し、主権者教育をすすめるよう指示しました。18歳選挙権と政治教育、主権者教育、シティズンシップ教育について検討してみたいと思います。

1 主権者教育とは

教育学者の子安潤・久保田貢両氏の研究によると、「主権者（意識）を育てる」という文言は1958年の日教組教研集会から社会科分科会で使われ始め、また1960年代後半からは生活指導分科会でも議論され始めました。憲法学者の永井憲一氏が「主権者教育権論」を提起したのは1964年で、当時の憲法調査会が「国民に愛国心と自衛の自発的精神を成長させる」再軍備教育を企図していることに危機感を抱いた永井氏が発表したものです。

「国民主権の憲法が国民に保障する『教育を受ける権利』は、当然に、そのようなわが国の（平和で民主的な国の）将来の主権者たる国民を育成するという方向・内容の教育＝主権者教育を受けうる権利でもある」として、その教育内容は「平和主義教育」と「民主主義教育」を保障することを文柱とするとしました。その後、どういう主権者に育てるかという内容を示したこと、その内容を文部省も規定すべきだとしたことについては教育の自由に反するのではないかと主張する教育法学者の兼子仁氏らとの論争がありました。

久保田貢氏は、永井氏の「主権者教育権論」にはこうした問題とともに、永井氏の言う「主権者」には在日外国人と子どもが含まれていないと指摘しています[1]。

「まえがき」で述べましたが、憲法のテキストで最も権威ある芦部信喜氏の『憲法第六版』では、日本国憲法の「主権が国民に存することを宣言し」の国民とは、「有権者」と「全国民」の両方を指す、としています。したがって、18歳未満の子どもたちも主権者なのです。

その後、主権者教育については全国高校生活指導研究協議会や全国民主主義教育研究会などが中心的に実践と研究をすすめてきました。

2 総務省「常時啓発事業のあり方等研究会」の主権者教育論

経済産業省がつくった研究会は2006年に「シティズンシップ教育宣言」を発表していますが、総務省「常時啓発事業のあり方等研究会」は2011年12月に「社会に参加し、自ら考え、自ら判断する主権者を目指して～新たなステージ『主権者教育』へ～」という報告書をまとめ発表しています。研究会メンバーには、放送大学の宮本みち子氏や東京大学の小玉重夫氏なども含まれており、積極的な主権者教育のすすめになっています。

この報告書では、主権者教育を「社会参加に必要な知識、技能、価値観を習得させる教育」の中心である「市民と政治の関わりを教えること」と定義しています。

報告書は、「選挙は民主政治の基盤をなすものであり、選挙が公正に行われなければその健全な発達を期することはできない」とし、現在は「政治や社会に無関心でも、終身雇用と年功序列というシステムが安定した生活を保障していた」時代ではなくなり、「若者も年配者もそれぞれに、社会的知識の欠如や政治的無関心では通用しない社会になってきている」ので、「社会に参加し、自ら考え自ら判断する主権者」を育てる教育が必要であると指摘しています。

辰野高校生徒玄関にある生徒のつくった憲法前文

若者の投票率の低さは、衆議院議員選挙で比較すると、20歳代では昭和50年代は全体の投票率より10ポイントほど低かったのが、現在では20ポイントほど低いと指摘しています。その原因には学校教育があるとして、教育基本法第14条第1項で、「良識ある公民として必要な政治的教養は、教育上尊重されなければならない」とされているにもかかわらず、同条第2項で「法律に定める学校は特定の政党を支持し、又はこれに反対するための政治教育その他政治活動をしてはならない」と要請していること等から、「学校の政治教育には過度の抑制が働き、十分に行われてこなかった」とし、「我が国の学校教育においては、政治や選挙の仕組みは教えるものの、政治的・社会的に対立する問題を取り上げ、政治的判断を訓練することを避けてきた。」として、政治的リテラシーを身に着けていけるような主権者教育を提起しています。

3 世界では生徒の政治的権利保障をどうしているか

1968年は、世界の若者がベトナム戦争反対と国内の改革を求めて立ち上がった年です。そのたたかいに対して、日本政府と諸外国の政府がとった若者政策は全く反対のものになりました。フランスでは、その若者たちの「5月革命」に対して、保守派のド・ゴール大統領は中学生から大学生まで生徒の意見表明権と学校運営への決定権をもった参加（「学校管理委員会」「懲罰委員会」「成績会議」への代表参加）、政治的権利（集会・結社の自由）と行政への参加を認めました。

しかし、1990年には、学校は生徒の権利をきちんと保障していないとして高校生による全国集会・デモが繰り広げられ、政府は高校生たちが要求した学校への予算増額（900億円）を決定し、そして完全な権利保障を学校に実施させました。以後、高校生による全国各地の集会が開かれ、要求を全国代表が文部大臣に提出し、教員増、教育予算増を勝ち取っています。また、国立大学の授業料有償化提案には全国的な高校生・大学生によるデモが行われて阻止してきて、有償化された現在も学費は年額2万5千円ほどに抑えています。

ドイツでも、1973年に「学校における生徒の位置づけについて」を常設文部大臣会議で決議して、学校と生徒との関係にあった「特別権力関係」（日本はドイツからこの特別権力関係論を輸入して、それを根拠に一般の法律にはない校則のようなルールをつくれるようにしました）を廃止して、「学校関係」（生徒も一般市民の法律と同じルールとする）に転換しました。そして、各州が「学校参加法」を定め、小学5年生から学校の最高決議機関である「学校会議」に代表を出して学校運営をしていくようにしました。[2]

こうした学校運営への生徒参加はヨーロッパ諸国だけでなく、オーストラリア、ニュージーランド、カナダなどでも実施されていて、主権者教育、シティズンシップ教育の中心になっています。

ユネスコは、子どもたちに３つの参加「学校運営への参加、社会・行政への参加、授業への参加（参加型授業）」を保障するように世界の教師に呼びかけてきました[3]。また国連は子どもの権利条約を１９８９年に採択し、日本では１９９４年5月22日に発効させました。この条約で、子どもの「表現・情報の自由」（第13条）、「思想・良心・宗教の自由」（第14条）、「結社・集会の自由」（第15条）が子どもの権利として認められました。そして、国連子どもの権利委員会は、日本では、子どもに関することを決める時に、「学校その他の施設において、方針を決定するための会議、委員会その他の会合に、子どもが継続的かつ全面的に参加すること」を保障していないとして、「確保すること」と勧告をしてきています[4]。

4　戦後日本の高校生の政治的活動と文部省の禁止政策

戦後日本では、文部省は「生徒自治」は認めなかったものの「生徒参加」を奨励し、各県の「進学校」を中心に生徒会の学校運営への参加が行われました[5]。また、1950年代になると、1951年に全日本高校生協議会が結成されて11の都道府県に地方組織もできていき、特に1953年には京都に生徒会連絡協議会ができ、1954年には高知県の高校生徒会連合がすべての県立高校生徒会の加盟で結成され大きな運動を展開しました。

高知県では高校生が平和問題、教育問題などに取り組み、授業料値上げ反対運動では知事・県教委との交渉で成果を得るなど教育行政に参加しました。つまり、高校生の教育行政への参加を教育委員会は認めていたのです。勤務評定制度が導入され、1959年に勤務評定を提出しなかった11名の校長を県教委が処分すると、処分撤回を求めて高校生数千名が抗議行動をしました。

また、1960年の日米安全保障条約改定に反対する「60年安保闘争」では全国各地で高校生も集会やデモに大量に参加しました。

こうした高校生の運動に対して、1960年6月の新安保成立の翌日の20日に、全国高校長協会は高校生のデモ禁止の声明を出しました。また文部省は同年12月27日に「高等学校生徒会の連合的な組織について」という通達を出し、「生徒会の全国的または地域的な連合組織などを結成したり、それに参加することは、教育上好ましくない」として、「適切な指導」を各高校に求めました[6]。高知県教委も１９６２年に文部省と同じ内容の通達を各校に出し、翌年に高知の生徒会連合は約10年の活動の歴史を閉じました。

１９６０年代末には高校でもベトナム反戦運動や学校の民主化（校則改正や集会・掲示・政治活動の自由など）を求める活動が広がりましたが、大学生の運動が分裂し、その中の過激なセクトの運動の影響を受けた高校生が授業や卒業式を妨害するなどの紛争を起こしました。

こうした過激な運動を口実にして、文部省は１９６９年10月に「高等学校における政治的教養と政治的活動について」（「69通達」）を出し、すべての高校生の政治活動（学校内外で政治的な団体や組織を結成すること、政治的な文書の掲示や配布、集会の開催）を禁止しました。

これ以降、その後も活動を続けた京都、大阪、群馬などの生徒会連絡協議会は１９７０年頃に消滅しました。さらに学校では授業やホームルームや部活動、文化祭で政治的な問題を扱うことに消極的になり、全国的に生徒会の自治活動、社研部や新聞部の活動も衰退していきました。高校生の自主活動である各県の「サマーキャンプ」や「討論集会」「高校生集会」も減少していき、その後政治に関わる活動としては高校生平和ゼミナールによる「全国高校生平和集会」（１９７４年から毎年開催）の他にはほとんどない状態が続いてきました。

また教員に対しても、「現実の具体的政治的事象は、内容が複雑であり、評価の定まっていないものも多く、現実の利害の関連等もあって国民の中に種々の見解がある」ので「公正な態度で指導」し、「慎重に取り扱う」ことを求めました。これ以降、教師の授業に対する「偏向教育」批判も続いてきました。

最近では、集団的自衛権について弁護士による憲法出前授業をした2校の北海道立高校の教師や、山口県で安保関連法案についてグループで調べさせ、ディベートをさせた教師が、「朝日新聞と日経新聞のみを使った」として道議会や県議会で「偏向教育だ」と攻撃されました。いずれも集団的自衛権容認や安保関連法案に反対している弁護士会だから、社説で反対している新聞だから「偏向している」というものです。こうした状況下で、現実の政治的事象を扱う教育は公民科でも少なくなっていました。

5 文科省の「政治教育」「高校生の政治活動一部容認」の新通知

２０１５年10月、18歳選挙権実施に向けて、文科省は高校生の政治活動を禁止した「69通達」を廃止し、新たな通知を出しました。その概要は次のようです。

①【政治的教養の教育】教師は個人的な主義主張を述べるのを避け、公正中立の立場から生徒を指導。特定の政治的立場に立って生徒に接してはならず、また地位利用しない。授業では、民主主義の意義とともに、現実社会の諸課題を考察し公正に判断する力、協働的に追究し解決する力、公共的な事柄に自ら参画する意欲や態度を身に付けさせる。現実の具体的な政治的事象も取り扱う。自らの判断で権利を行使できるよう、具体的かつ実践的な指導を行う。利害の対立のある事柄では、さまざまな見解を提示。冷静で理性的な議論の過程の重要性を理解させる。

②【校内での活動】政治的中立性の確保などの観点から生徒の政治的活動は無制限に認められるものではなく、必要かつ合理的な範囲で制約を受ける。校内では、選挙運動や政治的活動を禁止する。放課後や休日でも、制限または禁止する。

③【校外での活動】放課後や休日の校外での選挙運動や政治的活動は、違法、暴力的なもの、学業や生活に支障がある場合は制限または禁止が必要。生徒に公選法上、特に気をつける事項を周知する。

今までの方針と大きく変わった点は、高校生の校外における政治活動を容認したことです。しかし、校内での政治的活動は禁止されており、その根拠とされている教育基本法第14条2項の「特定の政党を支持し、またはこれに反対するための政治教育その他の政治的活動をしてはならない」は学校に要請しているもので、生徒に要請しているものではありません。また、「校長は在学する生徒を規律する包括的な権能を有するとされている」から生徒の活動を制約できるとしていますが、憲法で保障されている「集会、結社及び言論、表現の自由」（21条）という自由権は制約できないというのが憲法の人権原理です。文科省のこうした考え方は、第3章3の特別権力関係論によるものと考えます。

また、文科省の「Q＆A集」では、校外の政治活動や選挙活動についても、「学校への届け出制にするのは可能か」について、「届け出たものの個人的な政治的信条の是非を問うようなものにならないようにすることなど配慮」すれば「各学校で適切に判断する」ことができるとしました。すでに届け出制とした教育委員会が出てきています。（毎日新聞の全国調査。2015年12月21日付記事）

また、文科省の説明会では、「生徒会がエアコン設置などを議会に請願することはいけない。するなら有志で行うべき。」と述べています。子どもにも請願権があり、今まででも、長野県などで高校の統廃合計画に対して生徒会が署名を集めて請願や陳情をしてきており、なぜ、有志はよくて生徒会はいけないのか理解できないことです。

教師に対しても今までのように規制中心の内容になっています。授業における政治的教育については、「具体的な政治的事象も取り扱う」「権利行使できるよう具体的かつ実践的な指導を行う」としたことは、今まで「政治的中立」ということで扱いにくかったことであり、実践の可能性は広がったといえます。しかし、文科省は教師が授業中に自分の意見を言うことは「控えてほしい」と説明しています。

今回の文科省の通知は総務省の研究会報告の内容からも大きく後退した規制中心のものです。全国高等学校ＰＴＡ連合会（佐野元彦会長）は文科省に意見書を提出し、さらに文科省のヒヤリングでも提起してきたのは、「高校生の政治活動制限に関する新たな規制や法的措置は不要であると考える」「学校の教員についても、現行の法制以上に新たな規制法令を用意することは教員の指導意欲をそぐとともに、指導内容の貧困を招く」という規制に反対するものでした。

こうした報告や意見書も尊重されずに規制中心の内容になったのは、２０１５年７月８日に自民党が出した「選挙権年齢の引き下げに伴う学校教育の混乱を防ぐための提言」で「学校における政治的中立性の徹底的な確立」を強く求めたからといえるでしょう。

6 なぜ若者は選挙に行かなくなったのか——新自由主義による影響

１９８０年代にイギリスではサッチャー政権によって福祉国家主義が転換され、また教育の中央集権化と競争原理の導入がすすめられた結果、若者に疎外感、ドロップアウト、シニシズムが広がり、若者の選挙の投票率が急落していきました。これに危機感をもった政府は政治学者バーナード・クリックを委員長とする諮問委員会の報告書『シティズンシップのための教育と学校で民主主義を学ぶために』（１９９８年）を受けて、２００２年から中等教育でシティズンシップ教育を必修科目としました。

シティズンシップには、市民権や公民権という権利としてのシティズンシップという意味と、市民性という資質としてのシティズンシップという意味とがあります。社会学者のT・H・マーシャルはシティズンシップの進化について、権利（市民権）としてのシティズンシップは、18世紀の個人としての市民的権利から、19世紀の選挙権という政治的権利を経て、20世紀の福祉国家における社会的権利へと発展してきたとしています。[7]シティズンシップ教育は市民としての権利を自覚し、その権利を行使できる市民に育てる教育で、日本の主権者教育に重なる部分が多いものです。

アメリカでも若者の投票率が低下していき、国は１９９０年に「国家およびコミュニティ・サービス法」を制定して、サービス・ラーニング（社会参加活動によるシティズンシップ教育）の推進を図りますが、１９９８年には投票率の低下など「市民が社会から遊離している」と指摘する報告書『傍観者の国家』が発表されます。そして、２０００年には『孤独なボーリング』が発行され、その書で著者の政治学者ロバート・パットナムはアメリカのコミュニティは崩壊しつつあるとし、その原因である社会関係資本（人と人とのつながり）を再生し、政治的活動などの市民社会制度を再建していくことを提起しました。

続いてパットナムは世界各国の社会関係資本の実態と民主主義との関連を各国の研究者と共同して研究しました。それによると、各国とも選挙参加、政党加盟、組合加盟、教会参加が減退しています。特に若い世代は政治に関心が弱く、政治家と他人に不信感が強く、公的な物事に対してシニカルで、そして社会組織に参加しない傾向があり、それは特にアメリカとイギリスに強い傾向があるとしました。しかし、福祉国家であるスウェーデンではこうした傾向は見られないとしています[8]。

イギリスやアメリカの投票率が大きく低下し始めたのは１９８０年代であり、新自由主義の進行とともに選挙参加は衰退しています。しかしながら、バーナード・クリックもパットナムも投票率の低下の原因が新自由主義にあるとは分析できていません。両国政府がシティズンシップ教育に力を入れてもなかなかうまくいかないのは、若者の社会離れの大きな原因である新自由主義改革そのものを推進しているからだと考えます。それは、福祉国家主義を堅持している北欧の国々の投票率が80％を超えていることからも分かります。

そして日本でも新自由主義が本格化した１９９０年代前半から全世代とも投票率は20％も減少していて、特に近年の20代の投票率は衆参とも33％ほどです。また貧困と格差、非正規雇用、派遣、ブラック企業という社会の中で、未来に展望が持てない閉塞感から右翼的な強い指導者を支持するポピュリズムによって、投票に行った若者の中で大阪の橋下市長や、安倍首相、都知事選での田母神氏への支持率は高い傾向を示してきました。

衆議院選挙年代別投票率(%)の推移

西暦	1980	1983	1986	1990	1993	1996	2000	2003	2005	2009	2012	2014
元号	S55	S58	S61	H2	H5	H8	H12	H15	H17	H21	H24	H26
回数	36	37	38	39	40	41	42	43	44	45	46	47
20代	63.1	54.1	56.9	57.8	47.5	36.4	38.4	35.6	46.2	49.5	37.9	32.6
30代	75.9	68.3	72.2	76	68.5	57.5	56.8	50.7	59.8	63.9	50.1	42.1
40代	81.9	75.4	78	81.4	74.5	65.5	68.1	64.7	71.9	72.6	59.4	50
50代	85.2	80.5	82.7	84.9	79.3	70.6	72	70	77.9	79.7	68	60
60代	84.8	82.4	85.7	87.2	83.4	77.3	79.2	77.9	83.1	84.2	74.9	68.3
70代～	69.7	68.4	72.4	73.2	71.6	66.9	69.3	67.8	69.5	71.1	63.3	59.5
全体	74.6	67.9	71.4	73.3	67.3	59.7	62.5	59.9	67.5	69.3	59.3	52.7

（総務省資料より作成）

7 日本の若者は変化しているのか

パットナムらの研究では各国の既存の組織への参加や選挙への参加の減退を指摘しながらも、「連帯主義的個人主義」や「ゆるやかな結合」を特徴とする新しい社会運動が各国で生じていることも分析しています[9]。

２０１１年に若者たちがアメリカのウォール街を占拠して、「1％の超富裕層が99％の国民に経済的・社会的・政治的犠牲を強いている」と主張した運動（オキュパイ・ウォールストリート運動）は全国に影響を与え、ティーパーティーの右派政治家による公務員労働者攻撃と、ウィスコンシンなど４つの州で教員組合などの団体交渉権を剥奪するとした共和党知事たちの法案を葬り去りました。さらに２０１６年の大統領選の民主党予備選挙では、若者たちが民主社会主義を掲げるサンダース候補を押しあげました。

２０１４年３月18日に台湾の学生たちが政府の中国との自由（サービス）貿易協定批准に反対して立法院（国会）を占拠した運動（ひまわり学生運動）は50万人の国会周辺デモになり、国民党の馬政権は統一地方選で大敗、２０１６年の国政選挙で大敗し、政権交代に大きな影響を与えました。

２０１４年9月から12月にかけて香港の学生たちは、中国政府に対して民主的な選挙制度を求めた座り込みデモ（雨傘革命）を行いました。

これらの学生を中心とする若者の運動は特定のリーダーを決めない「ゆるやかな結合」の「連帯主義的個人主義」を特徴とする運動です。

日本では東日本大震災後の若者のボランティア意識の向上が言われていましたが、政治に対しても、近年の政治の右傾化、平和憲法改憲の動きの中で若者たちに変化が起こり始めています。高校生による核兵器廃絶の「高校生1万人署名」活動や、団体「僕らの一歩が日本を変える」による政治討論イベントや、「全国高校生徒会大会」などが開催されています。

また、大学生などによる「若者憲法集会」が開催され、「特定秘密保護法に反対する学生有志の会（ＳＡＳＰＬ）」、安保関連法案に反対する「自由と民主主義のための学生緊急行動（ＳＥＡＬＤｓ）」が国会前などで継続的に抗議活動を続けていて、運動は全国に広がっています。高校生も「Ｔ―ｎｓＳＯＷＬ（ティーンズソウル）」が呼びかけたデモには5千人が参加しました。

これらの若者の運動にはかつての60年安保闘争や70年安保闘争とは異なる特徴があります。それは組織（全学連や全共闘や労働組合など）としての参加ではなく個人としての参加であり、また70年安保闘争時のセクト運動のような覆面をしての匿名参加ではなく、スピーチでは自分自身がなぜ参加したかを述べ、大学名と氏名を述べるという個としての主体的な参加であるということです。

「民主主義ってなんだ?」「これだ!」というコールに現れているように、求めているのは民主主義と立憲主義を守れという主権者としての主張です。また非暴力のたたかいを貫いていることは重要です。ＳＥＡＬＤｓの運動も特定の司令塔を決めない「ゆるやかな結合」の「連帯主義的個人主義」を特徴としています。

しかし、こうした積極的な活動もまだ一部のもので、参加している高校生たちへのインタビューでは、「学校の中では政治や社会問題については語れない」雰囲気があると述べています。(ＮＨＫ「クローズアップ現代」２０１５年９月９日)

安保関連法成立直後の10月の朝日新聞の世論調査では、「安倍内閣を支持する」が他世代はすべて30%代ですが、20歳代のみ62%(「支持しない」は18%)、「安保関連法に賛成」も他世代がすべて30%代前半(「反対」は全体で49%)ですが、20歳代は61%(「反対」は23%)となっていました。

日本高等学校教職員組合が18歳選挙権について高校生に意識調査してきたデータがあります。それは、１９７７年から定期的に続けてきた「高校生の憲法意識調査」の中の

「18歳選挙権」を問うものですが、「賛成」はおおむね20％という結果が続いてきました。しかし、２０１２年の調査では29％に微増しました。

そして、18歳選挙権が決定された後の２０１５年秋の全国１万人の高校生への調査結果では次のようになりました。

「18歳選挙権について」は、「賛成」「どちらかといえば賛成」合わせて54・１％でした。「18歳になったら投票に行きますか」には、「行く」「多分行くと思う」合わせて61・９％で、その理由（複数回答可）は、「若い世代の意見を政治に反映させたいから」40・０％、「自分たちの将来を勝手に決めて欲しくないから」39・２％、「投票に行くことは国民の義務だから」31・９％、「投票に行くことは国民の権利だから」20・９％というものでした。「行かない」「多分行かないと思う」と答えた生徒の理由（複数回答可）は、「政治について判断できないから」46・３％、「誰が政治をやっても変わらないと思うから」26・９％、「自分の一票で政治が変わるとは思えないから」22・９％、「政治に無関心だから」22・６％というものでした。高校生の意識は大きく変化してきていると言えるでしょう。

私は２０１４年12月の衆議院議員選挙の直後に、大学生に聞いたところ、投票に行った学生は25％のみでした。なぜ行かなかったか聞くと、「関心がない」「分からない」「投票しても、どうせ社会は変わらない」という返事で、上記の高校生の「行かない」の理由と共通しています。若者が社会に関心をもち、投票に行くようになるには、これら３つの否定の「ない」が肯定に変わるような主権者教育が必要であると考えました。

8 学校における主権者教育のとりくみ

全国民主主義教育研究会発行の『主権者教育のすすめ―未来をひらく社会科の授業』（２０１４年）には、模擬投票の他に、模擬裁判、ディベート、「新聞」学習、「学びの共同体」、フィールドワーク、「総理大臣に手紙」、弁護士の出前授業、憲法学習、原発・放射線学習、高校生平和ゼミナール活動などが紹介されています。これらは、ユネスコが呼びかけてきた「子どもたちに３つの参加を」のうちの、「授業への参加」（子ども参加型授業）であり、また平和ゼミナール活動は「社会への参加」による主権者教育の取り組みです。

子どもによる模擬選挙は世界的に実施されている主権者教育ですが、日本の学校で実施されてきた結果は大人の選挙結果と同じような傾向が出ており、２０１４年12月の衆院選前の模擬選挙の全国結果（８３４３人）では、大きな政党（自民党は大人の結果より３％多く36・１％で圧勝、民主党も４・３％多い）は大人の結果より得票率が高く、その他の小さな政党はみな低くなっています[10]。つまり、大きな政党が有利ということです。

模擬選挙で大切なことは子どもたちに投票に行く意義を理解させることと同時に、事前学習によって各政党のマニフェストと実績などを読み取り比較できる政治的リテラシーの力をつけていくことです。投票を義務とする有権者教育ではなく、権利としての選挙権を自覚した主権者としての力をつける教育でなくてはなりません。

文科省の通知以前から取りくんできた模擬選挙は主権者教育に熱心な教師が多く、事前学習も取りくんで実施しているケースが多いのに上記のような結果です。文科省・教育委員会の指示で実施しなくてはならないのでやるという模擬選挙が急増すると考えられ、事前学習なしの模擬選挙では政治的リテラシーは身につかず、さらに大きな政党のみに有利な結果が出ることが予想されます。

9 「中立性」問題に対して―ドイツを参考にして

政治教育では「中立性」をめぐる問題があります。本来、教育の中立性とは、戦前・戦中と教育が軍国主義に利用された反省にもとづき、国が教育を統制することや政治が教育内容に介入することを禁止することを意味します。

ところが、政府の方針に反対する内容の新聞記事などを授業で使用すると、その授業は「中立でなく偏向している」と議会などで取り上げられるということが起きてきました。実はこれこそ、政治の教育内容への介入であり、中立性を侵しているのです。

また教育学者の佐貫浩氏が指摘[11]するように、学問の世界に「中立」ということはありません。学問は真理の探究だからです。

それでは、教育活動における「中立性」とはどう考えたらいいのでしょうか。

この課題については、近藤孝弘氏が『ドイツの政治教育』で紹介しているドイツの政治教育とそのコンセンサスとされている「ボイテルスバッハ・コンセンサス」（1976年）が参考になります。

ドイツでは戦後、「人びとの非政治的態度がナチズムを生んだ」という反省から政治教育が重要視されてきていて、各州の学校法が政治教育の規定を定めているということです。

学校では、「政治科」の授業があり、テキスト『政治を体験する』などで、民主主義、地方自治、共生、ナチズムの歴史、マスメディアによる政治操作、政治参加などを学んでいます。また、ジュニア選挙（模擬投票）で最も大切にされているのは、投票までの事前学習で、社会科（政治科や歴史科）ばかりでなく他の教科も含めた授業を数時間使って政治的リテラシーを学んでいきます。そこで選挙制度やメディアの戦略などの情報が提供され、各政党の主張や候補者について自ら調べることが促されます。

また学校外でも連邦政治教育センターを中心に、刊行物発行、国際交流、講演会、コンクールなどによる多角的な政治教育が展開されています。戦後50周年の年に、私たちが長野県の伊那で開催した「平和のための信州戦争展」で、ドイツと日本の高校生たちによる平和討論会を実施しました。そのドイツの高校生たちは、この連邦政治教育センターによって平和国際交流で派遣された高校生たちでした。

「ボイテルスバッハ・コンセンサス」とは、政治教育では、「①教師は生徒を期待される見解をもって圧倒し、生徒が自らの判断を獲得することを妨害してはならない。②学問と政治において議論のあることは、授業においても議論のあるものとして扱わなければならない。③生徒は、政治的状況と自らの利害関係を分析し、自分の利害にもとづいて政治的状況に影響を与える手段と方法を追求できるようにならなければならない。」というコンセンサスです。国家や教師による「教化」(教え込み)を排し、生徒一人ひとりの「政治的判断力・行動力」の獲得を促す政治教育です。

また、ドイツの「政治教育学および青少年・成人教育のための学会」が連邦教育学術省と常設文相会議の委託を受けて2003年に作成した「学校における政治科教育のナショナル・スタンダード」では、「政治教育が養成すべき能力」は「①政治的判断能力、

②政治的行為能力、③方法的能力」であるとしているということです。「政治的行為能力」の重視については、多くのドイツ人がナチスに対して批判的だったのに、抗議の声をあげなかったためにアウシュビッツをもたらしてしまったという認識に基づいているということです。[12]

教育と教化（教え込み）は全く別のもので、そのことは大学の教職課程でも学びます。教師が特定の思想や宗教や政党支持を生徒に教え込むことは教育ではありません。現実の政治問題については、教師は対立している問題点を説明し、あらゆる新聞を用意して、生徒たちが調べ学習をし、発表や討論やディベートをして、一人ひとりの生徒が自分の政治的意見をもつよう授業を展開できます。

10 主権者意識を育む自治活動

日本における公民科を中心にしたさまざまな政治教育の授業実践は、若者が投票に行かない理由としてあげている、政治・選挙に「関心がない」「分からない」を変えていく実践です。それでは、「投票しても、どうせ社会は変わらない」という意識はどうしたら変えることができるのでしょう。

なぜ、「どうせ、社会は変わらない」という意識が形成されているのか。私は2つの大学で学生に毎年、高校までの校則と生徒会活動についてアンケートで意識調査をしています。簡潔にその結果を述べますと、多くの学生が学校の校則や授業などを「変えて欲しい」という改善要望をもってきたが、「要望を聞かれたことはない」し、「変わるものだと思ったことはない」という学生が大半です。また、「少しでも変えたいと、生徒会役員になった」学生は、多くが「要求は学校に拒否されて終わった」と答えていて、「挫折感だけ味わった」という学生もいます。「生徒会活動とは何か」という質問には、「文化祭を行うためのもの」という答えがほとんどです。

つまり日本の若者の多くは学校で生徒会活動などを通じて、要求を意見表明して話し合い、合意できたら実現するという参加民主主義、協議民主主義の自治的体験をもっていないということです。この民主主義体験の欠如が「どうせ、変わらない」という意識形成の原因になっていると考えます。

国会運営に対して、民主主義と立憲主義を訴えて行動している若者たちも、「学校にも社会にも絶望していた。高校生平和ゼミで希望を見つけた」（若手弁護士の会の白神優理子さん）、「中学でクラス全員からイジメられていても教師は見て見ぬふりをし、沖縄の離島の中学を見つけ転校した」（ＳＥＡＬＤｓの奥田愛基さん。『アエラ』２０１６年１

月4日号）と述べています。ＳＥＡＬＤｓの林田光弘さんは「ＳＥＡＬＤｓの活動を支えているのは明らかに日本の自由教育の流れだ」として、ＳＥＡＬＤｓの中心メンバーは「自由の森、和光、敬和、玉川、明星……。（奥田）愛基だって愛真高校だし、独立学園とかの出身者が多い」「子どもたちの声に必死に耳を傾けるとか、『なぜ人は生きるのか』とか『なぜ人は学ぶのか』とか、そういうことをきちんと学ぶ環境を整えてくれている学校の学生、生徒たちが、今、日本の社会を変えつつあるんだということです。僕はもう、彼らの話を聞いて悔しくてしょうがなくて、僕も本当はそういう学校に行って、学びたかった。」[13] と述べて、教育に対して学びの見直し、自由と民主主義、自治の教育を求める発言をしています。

生徒参加と共同による学校づくりである「三者協議会」（生徒・教職員・保護者）や「四者協議会」・「フォーラム」（生徒・教職員・保護者・地域住民）に生徒会が参加して、校則の改善や授業の改善に取り組んでいる辰野高校（長野）[14] や大東学園高校（東京）を見学した多くの大学生たちは「生徒が学校を変えられることが分かった。私のいた学校にも三者協議会があったら、私も生徒会活動に参加していた。」とレポートに書いています。

生徒参加による三者の共同の学校づくりは、民主的な学校づくりであると共に、この参加民主主義、協議民主主義の体験による主権者教育、シティズンシップ教育を実現しているものと考えます。また、地域住民と生徒の話し合い（フォーラム）、生徒の地域づくり参加は地域を支える主権者を育てていくシティズンシップ教育になっていると考えます。こうした参加システムはなくとも、生徒会活動を自治的活動として再生していくことが、「社会は変わる」という意識を獲得していく主権者教育にとって喫緊《きっきん》の課題であると思われます。

主権者教育は公民科だけにまかせるのでなく、すべての教師ができる教育です。各教科の授業、生徒会活動、部活動、ボランティアなどの地域活動、H・R活動、修学旅行、特設学習などを通じて、すべての生徒に主権者教育をすすめていくことが求められています。

【注】

1　子安潤・久保田貢「初期『主権者教育論』の研究」『愛知教育大学教育実践総合センター紀要』第3号、9－16頁、2000年

2　森田俊男他編『高校生の自主活動と学校参加』（旬報社、1998年）に、フランス（小野田正利）とドイツ（柳澤良明）の生徒参加が説明されている。

3　1973年ユネスコ「中等教育についての勧告」、1994年ユネスコ「国際教育会議」文書など
4　日本政府への国連子どもの権利委員会の「第2回最終所見」（2004年）、「第3回最終所見」（2010年）
5　第2章参照
6　田久保清志「戦後日本の高校における生徒参加」柿沼昌芳他『高校紛争―戦後教育の検証』批評社、1996年
7　T・Hマーシャル／トム・ボットモア『シティズンシップと社会的階級』法律文化社、岩崎信彦／中村健吾訳、1993年
8　ロバート・パットナム編著『流動化する民主主義―先進8カ国におけるソーシャル・キャピタル』猪口孝訳、ミネルヴァ書房、2013年
9　同前書、357頁
10　模擬選挙推進ネットワークのホームページより
11　佐貫浩「政治的雰囲気としての『政治的中立性』の本質」『学習の友』2015年11月号
12　近藤孝弘『ドイツの政治教育　成熟した民主社会への課題』岩波書店、2006年
13　「SEALDsが切り拓いた地平、立ち上げた世界」『人間と教育』、2015年冬号、旬報社
14　辰野高校の実践については、宮下与兵衛『学校を変える生徒たち―三者協議会が根づく長野県辰野高校』（かもがわ出版、2004年）、宮下与兵衛編著『地域を変える高校生たち―市民とのフォーラムからボランティア、まちづくりへ』（かもがわ出版、2014年）を参照。

コラム①

日本と世界の選挙年齢

●日本の18歳選挙権にいたる歩み

2016年から日本でも18歳選挙権になりました。日本で公職選挙法を改正して選挙権年齢が変わるのは敗戦の年1945（昭和20）年12月に男女がともに20歳選挙権を得てから70年ぶりのことです。日本の選挙権の開始は、1889（明治22）年の大日本帝国憲法と衆議院議員選挙法の公布によって、一定額以上の税金を納められる25歳以上の男子のみに選挙権が与えられました。つまり、富裕層しか投票できませんでした。以後何度かの改正を経て、1925（大正14）年の普通選挙法によって25歳以上のすべての男子に選挙権が与えられました。しかし同時に政府は治安維持法を制定して労働者や小作人の要求を掲げる政党は弾圧しました。戦後になって初めて20歳以上の男女に選挙権が与えられました。ようやく女性が選挙権を得たのは戦後の民主化によってであり、男女平等の選挙権獲得までには国民の長い選挙権要求運動がありました。ですから、選挙できる権利は当たり前のものではなく、獲得した大切なものなのです。

●世界では16歳選挙権に向かっている

コラム①

世界では192の国・地域のうち、170の国・地域が18歳（それ以下も含む）選挙権を実施していて、ＯＥＣＤ加盟国34ヵ国の中で18歳選挙権でないのは、韓国（19歳）と日本だけでした。

1960年代に世界的に学生たちの運動があり、とくに1968年には学校運営や政治への参加を求める運動が高まりました。こうした要求に対して、ドイツでは1970年に選挙権年齢が18歳に引き下げられ、さらに1974年には成人年齢と被選挙権年齢も18歳に下げられました。イギリスも1969年に選挙権年齢と成人年齢を18歳に引き下げました。2014年にはスコットランドで独立についての住民投票には16歳以上が参加し、議会選挙でも16歳への引き下げが2016年から実施され、イギリスも16歳選挙権を検討しています。

アメリカも1971年に18歳選挙権になり、成人年齢もほとんどの州で18歳です。日本では成人年齢はまだ変えていませんから、選挙権年齢と異なることになりました。ドイツやアメリカの場合は徴兵制が18歳から実施されているのに合わせるという背景もありました。両国とも現在は徴兵制を実施していません。フランスも1974年から選挙権年齢と成人年齢が18歳です。

現在16歳選挙権を実施している国は、オーストリア、ブラジル、キューバ、アルゼンチン、エクアドル、ニカラグアで、17歳選挙権はインドネシア、北朝鮮、東ティモールです。16歳選挙権を検討している国はイギリスのほかにドイツ、デンマーク、スウェーデンなどがあります。16歳ということは、高校1年生から選挙で投票できるということです。

●被選挙権は今回も変わらず

今回の日本の改正は選挙権だけで、被選挙権はそのままで、参議院議員と都道府県知事は30歳以上、衆議院議員、都道府県議会議員、市町村長、市町村議会議員は25歳以上です。世界では、被選挙権も18歳にしている国はイギリス、ドイツ、カナダ、スウェーデン、デンマーク、スイス、カナダなど50ヵ国以上で、21歳以下の国は世界の58％となっています。イギリス総選挙では、2015年にスコットランド民族党の20歳の女子大学生が当選。アメリカでは、18歳の高校生市長、18歳の大学生町長、18歳の大学生州議会議員などが当選しています。日本は選挙権でも被選挙権でも年齢引き下げが世界の最終ランナーの一群に入っています。

第２章

戦後の学校運営への生徒参加はどう行われてきたのか

第一章で述べた戦後、日本の高校生たちが学校運営に参加していたことを具体的に見ていきます。

1 生徒参加の理念導入期（1945年〜1950年代）

学校運営への生徒参加という考えは戦前の教員組合（非合法）にもありましたが、戦後の教育がスタートしたこの時期に生徒参加の理念がアメリカからももたらされました。中等学校にはＧＨＱの指導によって生徒自治会が設置され、また、その連合組織である自治連合会もつくられました。生徒自治会は権利としての自治権を与えられ、体罰教師の追及や生徒あて信書検閲の廃止など幅広い自治活動を各校で展開しました。しかし、これはGHQの指導による設置で、50年代に入るとGHQは方針転換して自治連合会は解散させられ、生徒自治会は生徒委員会に変更させられました。[1]

文部省は、1948年8月の『新制中学教育ノート 第一集』で、「生徒活動が学校管理に参加するように進める。(中略) 進んで、学校の規則、時間表作成、教育課程編成、学校の社交的行事、来客の応対等にも参加するようになる。[2]」とし、学校は「生徒の自治管理」によるものではないが、「学校管理に生徒が参加する」よう規定しました。この方針は、1949年の文部省『新制中学校・高等学校望ましい運営の指針』『中学校・高等学校の生徒指導』に引き継がれ、1950年の文部省『中学校・高等学校管理の手引』の中の「特別教育活動」の章では「各中学校・高等学校の管理には、はっきり限定された範囲内での生徒の参加があるべき」としました。これらの文部省方針は、「学校の規則・時間表・教育課程」作成への生徒参加も認めたもので、現在、欧米で実施されている学校運営への生徒参加はフランスで1968年から始められたもの[3]ですから、それより20年も早い教育政策と言えます。

1940年代に行われた旧制中学・新制高校の自治会活動の一例です。都立第一高校(現在の日比谷高校)の生徒会は1949年に「星陵生徒会自治憲章」を制定し、その第

４条では「(生徒会) 会員代表、ＰＴＡ代表、校長で三者協議会をおき、相互の意思疎通をはかる」としました。星陵生徒会は１９５０年に憲章を改正して校長の保留権が入り、生徒自治から「特別教育活動としての生徒会活動」に転換されましたが、これは全国のほとんどの生徒会でも同じでした。[4]

１９５０年代には40年代に展開されたような生徒会自治は次第に弱体化していくことになりますが、まだ各校では様々な取り組みがなされていました。例えば、長野県の諏訪清陵高校では学友会が教育課程研究委員会を設けて、学友会員から教育課程改革についての意見を集め、東京の日比谷高校など他県6校の研究視察を行い、１９５６年に改革案をまとめて学校に要望書として提出しました。その中心は「50分・６時間授業を75分・4時間授業とする。３年生対象に週3日、英数国の１００分ずつの補習授業を行う」というもので、学校はこの改革案を受け入れ、その後8年間続きました。この生徒による改革で学習活動は活気づき、また放課時間が早くなり学友会活動や部活動も活性化したとあります。[5]

2 生徒参加の模索期（1960年代〜1970年代前半）

この時期の特徴は、高校生たちが参加・自治を模索していったことです。北海道深川西高校生徒会は、生徒の学習権と自主活動権とを掲げ、全校討論集会や生徒会秩序維持委員会などの活動を展開しました。秩序維持委員会は特に生徒の暴力事件を学校の処分によって解決するのでなく、生徒会が事実調査・全校クラス討議・委員会討議をすすめ、加害者の全校謝罪や学校への処分要請を決定するというもので、生活指導への生徒会参加でした。その目的は生徒会が「仲間を守る」、そして暴力をなくしていくことでした。[6] フランスの中学・高校では問題行動を起こした生徒の処分を決定する「生徒懲戒委員会」[7]に生徒代表が委員として参加していますが、深川西高校の場合は生徒会による自治的なものでした。

70年安保闘争時には、セクト運動の影響で高校生による紛争も生まれました。これに対して文部省は1969年10月に、「高校生の政治活動の禁止。違反した生徒への厳重処分。教師の政治的教育の規制」という通達（69通達）を出しました。

70年前後の高校紛争は各県の主に進学校で起き、一部生徒の暴力的行為とは別に制帽・制服の廃止などの校則改定や生徒会会則の改定などがすすめられました。例えば、千葉県立東葛飾高校では、１９６９年に生徒会と職員会の二者で「教育制度検討委員会」を設置して話し合い、選択授業・自由研究導入、服装条項以外の生徒心得全廃（後の１９７２年に制服廃止）、職員生徒連絡協議会の制度化などの改革を実現しました。「職員生徒連絡協議会」は生徒会と職員会の合意形成をめざす二者の合議機関です。ここでは、生徒の意見表明権をさらにすすめて、生徒会の発議権・提案権・審議権も認められました。

このような二者協議会は埼玉県立所沢高校、大阪府立布施高校、東京都立工芸高校などが知られていますが[8]、全国的に、特に進学校に設置されました。例えば長野県では、長野高校、松本深志高校、上田高校に設置されました。[9] 各生徒会はこの二者協議会を活用して制服自由化などに取り組みました。

3　生徒参加の衰退期（1970年代後半〜1990年代前半）

この時期の特徴は、69通達による自治活動の減少と、進学校では受験シフトの強化が始まり、非進学校では「荒れ」が広がって生徒参加が衰退したことです。１９７０年代後半に入ると、生徒の「荒れ」が広がり、それに対する体罰や退学処分などの管理主義的生徒指導の強化が進行していった状況の下で、子どもの人権保障という観点からの父母の参加論が教育学者の今橋盛勝氏などによって提起されました。[10] しかし、対教師暴力を含む校内暴力が多発したこの時期には全国的に生徒参加の実践は少なくなりました。また、進学校では受験シフトが強化されて生徒会活動は停滞していきました。

その中で、生徒の暴力などの非行を処罰主義・管理主義によって押さえ込むのでなく、生徒の声を父母も教師も聞いて話し合って解決していこうという趣旨の「PTS（父母・教師・生徒の会）集会」が長野県の高校では取り組まれました。例えば、県立中野実業高校では非行問題についての学級・学年PTS集会が数多くもたれました[11]。

また、北海道帯広南商業高校では、1985年から生徒・父母・教師が高校生活に関するテーマで話し合う「親と子が共に人生を語る集い」を続け、1995年には「生徒憲章」を制定し、それから「21世紀の南商づくり懇談会」と名称を変更して三者による共同の学校づくりをすすめました。[12]

4 生徒参加の新展開期（1990年代後半～現在）

この時期の特徴は、戦後の参加・自治活動が旧制中学の自治の伝統をもつ進学校中心であったのが、普通の高校に広がっていったことです。また、かつてはなかった生徒の地域参加も広がっています。

国連で子どもの権利条約が１９８９年に採択され、日本政府も１９９４年に批准しました。１９９０年代からは、この子どもの権利条約の意見表明権に基づく参加論が研究者や日本弁護士連合会などから提起されていきました。また、欧米諸国に広がった学校評議会[13]によって生徒や父母の代表が学校運営に決定権をもって参加していることも紹介されました。

千葉県立小金高校では１９９４年に始めた四者会談（管理職・教員・生徒・保護者）を１９９６年には三者会議に発展させ、その協議会を通じて教育課程づくりにも生徒が参加していきました[14]。また、群馬県立伊勢崎高校では一部の学年でしたが、学年評議会[15]が取り組まれました。千葉県立東葛飾高校や埼玉県立所沢高校などの二者会議も活発な活動を展開しました。これらの学校は進学校で生徒会に力があり、生徒会の自治活動としての生徒参加という特徴がありましたが、やがて衰退していきました。

１９９７年には、高知県で「土佐の教育改革」がスタートし、その柱の一つとして県教育委員会は児童・生徒の参加する「開かれた学校づくり推進委員会」[16]を各校に設置するよう指示し、現場では徐々に広がっていきました。

同じ1997年に、長野県辰野高校では三者協議会と、さらに地域住民の参加する「辰高フォーラム」を開始し、この辰野高校をモデルとする三者協議会や学校フォーラムが北海道から香川県まで広がっていきました。これらの学校はいわゆる進学校ではなく、むしろ地域の中で評判が良くなかった学校の、民主的学校づくりや生徒の成長を促す目的をもった生徒参加という特徴があります。

【注】

1　喜多明人「戦後日本における生徒自治会の形成と意義—神奈川県の学校史を中心に」『子どもの参加の権利—〈市民としての子ども〉と権利条約』喜多他編、三省堂、1996年

2　文部省内中等教育研究会編『新制中学教育ノート　第一集』「三、新制中学校の望ましい姿」。藤田昌士は「文部省が学校管理への生徒参加を積極的に示した最初の文献」とする。

3　フランスでは、1968年の「五月危機」と呼ばれた民主化運動で国民の要求した「参加」をドゴール政権は受け入れ、大学はもちろん、中学・高校にも学校管理委員会が設けられ、生徒代表・親代表が学校運営に参加できるようになった。

4　藤田昌士「生活の指導と自治」『日本の教育課題4』東京法令、1996年、98－101頁

5　長野県諏訪清陵高校同窓会『清陵八十年史』２９１－２９３頁
6　金倉義慧『学園自治の旗―北海道深川西高校の記録』明治図書、１９６９年、１６１－２１６頁
7　小野田正利「フランスの生徒、父母、そして教師の学校運営への参加」森田俊男・小島昌夫・浦野東洋一『高校生の自主活動と学校参加』旬報社、１９９８年、３４８頁
8　田久保清志「戦後日本における生徒参加」前掲書、１３２－１３５頁
9　倉科浩彰「共生から自治へ―生徒自治と学校自治の結合を目指して、民主主義を生徒と学ぶ」『長野県高等学校教育文化会議生活指導・自治的活動研究会報』、１９９８年
10　今橋盛勝『教育法と法社会学』三省堂、１９８３年、１９３－２３７頁
11　長野県中野実業高校・学年ＰＴＡ会長畔上信男「子どもの生活指導は四者（先生・生徒・父母・地域）が手をたずさえて」長野高教組『１９８３年度長野県の教育』、１９８３年
12　勝野正章「『開かれた学校』時代の教師論」『学校評議員制度の新たな展開―「開かれた学校」づくりの理論と実践』学事出版、２００１年、56頁
13　各国で名称が異なる。フランスは学校管理委員会、ドイツは学校会議
14　和井田清司『教師を生きる―授業を変える・学校が変わる―』学文社、２００４年
15　平井政彦「学年評議会で何が話し合われたか」『高校生活指導』第１２１号、１９９４年
16　浦野東洋一編『土佐の教育改革』学陽書房、２００３年、64頁

第３章 学校づくりへの生徒参加による主権者教育

１ 生徒・保護者・教職員の三者協議会による学校改善

長野県辰野高校では１９９７年の憲法・教育基本法50周年の年に、学校憲法宣言を生徒会、ＰＴＡ、職員会の三者でつくっていき、学校運営を憲法、教育基本法、子どもの権利条約の精神に基づいて三者ですすめていくという「学校づくり宣言」をあげ、そのためのシステムとして「三者協議会」を設置しました。

「わたしたちの学校づくり宣言」では、三者の目標を次のようにしました。

> 私たちは、平和と人権、自然や文化を大切にし、自覚と責任感を持った社会の主権者

をめざし、自主的に本気で取り組める学習や生徒会・クラブ活動をつくっていきます。

私たちは、互いに人権を尊重し、暴力やいじめ・差別のない、明るく楽しい、この学校で学んで良かったと思える学校をつくっていきます。

私たちは、生徒・父母・教職員が互いに信頼し、民主的に協力しあい、地域に根ざし地域に開かれた学校をつくっていきます。


三者協議会は生徒と保護者・教職員の三者で学校運営について話し合うもので、学期ごとに年3回実施され、ここには生徒会やPTAが校則、教育課程、施設設備、授業についての改善要望を提出しています。提出された要望は職員会議、生徒総会、PTA会議で検討され、三者協議会で協議されて三者が合意すると、職員会議で承認され実施されます。

(1) アルバイト規則の改善

辰野高校のアルバイトについての校則は、従来は長期休みのみ許可されていましたが、生徒会は三者協議会を通じて平日のアルバイト許可を求めました。PTAからは平日のアルバイトについても保護者には賛成が多いという発言があり、職員会からは平日については部活動や家庭学習をやらなくなることが心配されるので反対と発言がありました。その後、生徒会と職員会との議論は平行線をたどりながら、次の代の生徒会執行部に引き継がれ、新執行部はアルバイトについての全校アンケートをとり、休日と平日を含めて週3日以内のアルバイト許可を提案しましたが、やはり職員会の反対で合意されず、また次の代の執行部に引き継がれました。

その執行部は生徒総会に「このまま平行線で行くよりも、ベターな道を実現したいので、三者協議会に休日のアルバイト許可を求めるという提案をしたい」と提案して可決され、三者協議会に提案しました。この協議会では生徒会長からの提案に続いて、参加している生徒たちがアルバイトの必要性や意義などについて次々に発言しました。さらに保護者からは「実は、自分の携帯料金くらい自分で払いなさいと言っている」という意見も出て、「アルバイトの問題は家庭の問題として、もっと保護者が真剣に考えないといけない」などの意見も続きました。

職員会議では、アルバイトの校則改定には反対意見が多かったのですが、生徒会顧問から「今は厳しいルールがあるが、多くの生徒はモグリでアルバイトをしていて、保護者も教員も知っていて、見て見ぬふりをしている。これでは三者でルールを守っていない状態である。ルールは最小限にして、そのルールを三者で守ることが最も教育的であるのではないか。」という発言があり、ルールの見直しに賛成することを決めました。

三者協議会で生徒会提案をもとに、ルールを破った場合の措置などについても三者で話し合いながら新しいルールをつくり、それが生徒会・ＰＴＡ・職員会で了承されて、新しいアルバイト規定が三者で合意されました。また、家庭の経済状態によっては平日のアルバイトも必要な生徒については許可されることが合意されました。

このアルバイト問題についての話し合いを通じて、校則と三者の責任について、保護者の教育責任についてなどが論議され、単なる校則改定ではなく、学校文化のレベルアップが図られました。

（２）生徒と教師の共同による授業改善

職員会と生徒会は三者協議会を通じて互い

2016年１月の三者協議会に参加した80数名の生徒たち

に「授業改善」の要望を交わし合うことを決めました。生徒会は全校生徒から授業要望アンケートをとり、それをもとに各教科に対する「授業への要望」をまとめます。生徒一人ひとりの要望アンケートそのものは教師各個人に対する授業要望ですが、そのまま公表せず教科ごとにまとめます。

各教科では生徒会から提出された授業改善要望について教科会で話し合って、各要望項目に対する回答書を作り、次の協議会で回答します。そして、年度末には回答したことができたかどうかの各教科の反省会をもち、教科としての自己評価を協議会で報告しています。教科会での話し合いは、多忙化の中で少なくなっている授業研究の論議ができ、チームワークを取り戻し、専門職性を高める効果があります。

一方、教師側からは生徒の授業態度・家庭学習などについての改善要望を提出します。生徒会は職員会から提出された改善要望書をプリントして全校生徒に配り、各クラスでこの要望をもとに話し合い、各クラスの学習目標を決めて回答します。また、年度末には生徒会は全校生徒に授業の自己評価アンケートをとり、集計したものを協議会で発表します。こうして、生徒会と職員会の双方から授業改善要望を出し合い、回答し合い、自己評価し合ってきました。このことによって、生徒を授業のお客さんではなく、学びの主人公にしてきています。

2 生徒参加による学校づくりと民主主義

(1) 三者協議会による服装規定改定の経過

辰野高校では、かつては学生服でしたが、80年代から全国的に学生服の改造が高校生のサブカルチャーとして始まり、辰野高校でも「長ラン」「短ラン」などの改造服が広がり、地域住民から顰蹙《ひんしゅく》を買っていました。生徒会は全校生徒に討論を呼びかけて服装問題を考え、職員会とＰＴＡの了解を得て、「生徒会服装自由化宣言」をあげて、それ以降は私服通学になっていました。長野県の県立高校は現在も３分の１ほどの高校は制服ではありません。

三者協議会ができ、１９９９年になるとＰＴＡから服装について検討をしてもらいたいという要望が提出されました。その理由は、①入学式・卒業式や就職試験で着る服装に困る、②私服はお金がかかる、というものでした。生徒会も全校生徒アンケートを実施して、ブレザータイプの制服を望んでいる生徒が多いという結果から自由服見直しの要望を提出しました。しかし、職員会では服装自由化宣言を大切にしたいという教師が多く、制服については反対で、三者協議会での服装論議は２年間続きました。

教師たちは服装は自由であるべきで、制服化は「自由からの逃走」（エーリッヒ・フロム）でもあるなどの主張で反対を続けました。しかし、三者協議会の議論を通じて、「学校運営を教員の理念だけでやっていくという従来のやり方を転換したのが、三者協議会やフォーラムの方式である。これだけ多くの生徒や父母が望んでいることを、教員の理念だけでつぶしてしまうことはできないのではないか。」という結論に達しました。

三者の議論で焦点になったのは、私服がいいという生徒の要求と、制服がいいという生徒の要求とをどう両立させていくかということでした。このことをＰＴＡも生徒会も尊重しようということで、制服導入という提案でしたが、両立できる方策を考えていました。その方策とは、ＰＴＡ提案では「推薦服」、生徒会提案では「標準服」というものでした。「推薦服」提案はブレザーかスー

文化祭での標準服ファッションショー

ツを全員が入学時に購入して、式典や進路面接では着用するという提案で、「標準服」提案はブレザーの新制服をつくり全員が入学時に購入して式典や進路面接で着用するという提案で、いずれの提案も普段の登校は私服でもどちらでもいいとするものでした。

協議を重ねて三者で合意したのは「標準服」で、服のデザインは生徒会が２回の全校ファッションショーを開いて投票で決定しました。文化祭での投票には父母も教職員も参加しました。「標準服」着用についてのルールは、三者による小委員会を設置して原案をつくり、職員会と臨時生徒会総会とＰＴＡ理事会で可決されて、三者協議会で合意され、決定されました。

（２）服装改定の討論で民主主義を学ぶ

①少数意見の尊重について学ぶ

服装規定の改定について最初に要望を出したのは父母でした。父母たちの要望理由は経済的な問題でした。私服は高く、制服にするのが一番経済的でしたが、それまでの生徒会の服装自由化宣言と私服がいいという生徒の要望も大切にしたいという父母の考えから「推薦服」ということを考えたのでした。

生徒会は全校生徒の意向をアンケートなどで調べながら「標準服」という提案にしていきました。これは制服通学したいという生徒の考えも、私服通学したいという生徒の考えも両方とも尊重したいということで考えられた提案でした。

このように父母も生徒も、私服か制服かという選択ではなく、私服も制服も可能という「推薦服」や「標準服」を考え提起していきました。これは、生徒たちの私服希望派と制服希望派という両者の要望を両立させていくという考えでした。

教師たちが服装自由・私服を主張したのは、①服装には「表現の自由」があるから、②生徒会のりっぱな服装自由化宣言があるから、③制服だと生徒たちがきちんと着用せずに崩して着用するようになるから、という理由でした。だから教師たちは「標準服」提案にも反対を続けました。しかし、最終的に合意したのは、教師だけの学校運営から三者共同の学校運営に転換したということの確認によってでした。また、それまでの「服装自由」では私服通学希望の生徒の自由は保障されていますが、制服通学希望の生徒の自由は保障されていず、標準服ならば両者の自由が保障されるということによってでした。

「標準服」という結果そのものが民主的な選択と言えます。現代民主主義の課題は、功利主義による多数決原理で決めることではなく、少数者（マイノリティー）の意見を包摂《ほうせつ》していくことであり、私服志向の少数者の意向も尊重されました。

多くの教師は教育についての自分の理念を持っています。文科省や教育委員会の教育政策と現場教師の理念とが食い違うことが近年増えています。それでは、生徒や父母の要求や主張と教師の理念とが食い違った場合はどうでしょうか。今までの学校ではそうした生徒・父母の要求はほとんど問題にされていませんでした。ここには、教育のことは専門家である教師にまかせるべきで、素人には専門的なことは分からないから口出しすべきでないという考え方があると思います。

現在では日本教職員組合も「子ども参画・学びの共同体としての学校改革」を提言していますし、全日本教職員組合も「子ども参加・父母共同の学校づくり」を運動方針に掲げていて、子ども・父母と共に学校づくりをすすめていくことを提起しています。しかし、現在でもヨーロッパのような生徒参加による学校づくりがなかなか広がらないこと自体に、教師の意識変革がすすんでいないことが現れていると言えるのではないでしょうか。生徒・父母と共に協同して学校づくりをすすめていくには、こうした教師の意識変革が課題と思われます。

辰野高校の服装をめぐる論議では、こうして教師の理念と生徒の要求と父母の要求とが対立し、討議され、そして「標準服」という形で合意されました。これは対立を通して合意に達したものであり、予定調和的プロセスを経たものではありません。教師の服装自由論と生徒の制服選択も含む自由論との対立は、両者の自由論を包摂する「標準服」という形で合意されました。

② 学校運営の統治か協議民主主義かを学ぶ

服装論議の時のS校長は三者協議会については否定的な考えを持っていて、「学校運営の決定は早くなければならない、校長が決めるべきだ」ということを述べていました。これに対して、当時のPTA会長のMさんは「三者協議会は結論を出すことより、三者が学校づくりについて話し合い共同していくところに意義があると思う。結果主義でなく、経過主義を大切にしたい。」と対応しました。

文部省は2000年に学校教育法施行規則を改定して職員会議を「校長の職務の円滑な執行に資する」ものとして補助機関と規定しました。それまで学校現場では職員会議は学校運営の意志決定機関として位置づけてきましたが、とくに東京都では職員会議を校長の実質的な諮問機関化し、教師の発言は参考意見とされ、決定事項の伝達機関化されました。S校長の発言はこうした動き以前のものでしたが、共通するこれらの学校運営の考え方にはどのような理論があるのでしょうか。

政治学者の田村哲樹氏は、『文明の衝突』で著名な政治学者サミュエル・ハンチントンの「統治能力の危機」論について次のように説明しています[1]。それは、1970年代から80年代初期に脚光を浴びた理論で、その論点は、①民主主義は権威を衰退させ、その結果として統治能力の危機がもたらされた、②したがって、政府の統治能力を回復するためには、社会的および政治的権威の復活によって、民主主義を抑制することが必要であるというものです。ハンチントンらは、「統治能力の危機」が生じる具体的な理由として次の点をあげています。①民主主義の精神はあらゆる社会組織に不可欠の「権威の不平等と機能の差」を無視し、その結果として「市民の間の信頼と協同の基礎を破壊し、何らかの共通目的のための協同行動に対する障害をもたらす」。②政府に対する要求の増大は「政府の役割」を拡大したが、その結果は「政府の荷重超過」であり、「政府を強化するというよりは弱体化させることになった」。民主主義は、「政府は市民に応えるべきだ」という理念を有する。しかし、「数年ごとに繰り返される選挙戦という構造的要請」のために、実際には政府は「何もできない」のである。③民主主義の下では、「政治の本来的機能」である「様々な利益の集約」や「共通目的の推進」は達成されず、むしろ拡散してしまう傾向があり、個々の個人や集団にとって、「自己利益を強硬に主張し、事情によっては非妥協的に自己の利害を防衛することは、しばしば有益ですらある」からである。

この理論で学校経営（教育学では学校運営を学校経営と呼びます）を考えていくと、①三者協議会による民主的な学校経営は校長の権威を衰退させ、その結果として学校経営に統治能力の危機がもたらされる、②校長の統治能力を回復するためには、校長の社会的および政治的権威の復活によって、学校の民主主義を抑制することが必要である、ということになります。S校長が言いたかったのも、三者協議会で話し合って学校運営をしていくことは、「校長の権威と機能」の衰退に繋《つな》がるということであったと考えられます。この点について、その時のPTA会長のMさんは次のように述べていました。

「今までの学校の構造は、三角形の頂点に校長先生がいて、先生たちがその下で教育して、生徒たちは底辺で教育されていました。校則でも、授業でもすべて上から生徒に下ろされていました。協議会方式では、逆三角形にして、主人公の生徒を両辺で教師と親が支えます。校長先生は下の支点になるから、いい校長ほどしっかりした学校になるのです。」

M会長に代表されるように、父母たちは三者協議会が導入されて民主的な学校経営になったことで、校長の「権威と機能が衰退した」などと考えてはいなかったのです。むしろ、校長を学校経営の「支点」ととらえ、「いい校長ほどしっかりした学校になる」と考えていて、そうしたリーダーシップを期待していたのです。

③民主主義的討論について学ぶ

M会長はさらに次のように述べていました。「S校長先生が三者協議会は時間がかかってダメだ、早く結果を出すことに価値があると言った時に、私は『三者協議会は結果主義でなく、経過主義です』と言いました。この考えは私が公民館の主事をやっていた時に学んだ社会教育の考え方なのです。結果よりも、みんなで話し合って、より良い方策を考えていくことが一番大切なのです。話し合って他人の意見を聞いて、自分の意見も変わっていき、みんなで考えていくという経過が大切だと言ったのです。いい校長はそうした話し合いの場を大事にしてくれるとも言いました。」

ハンチントンは、民主主義は自己利益の主張によって自己利益中心の政治に陥ると指摘しています。この民主主義批判に対して、ラディカル・デモクラシーの理論家で、人びとの考えの差異を重視しながら異質な者同士のコミュニケーションの可能性を探ろうとするアメリカの政治哲学者のアイリス・ヤングは自己利益中心の政治、「利益に基づいた民主主義モデル」に対する代案として協議（討議）民主主義[2]を提起しています。

ヤングは「利益に基づいた民主主義モデル」は「自分自身の私的で狭い追求」に走り、「仲間の存在」も認めなくなるのに対して、協議（討議）民主主義は「公的なものを創出する過程」であり、「各自の私的な善の促進をめぐる争いではなく、共通善を議論することへと方向づけられる」[3]としています。そして、共和主義における共通善は単一の実体的な存在であるが、協議（討議）民主主義における共通善は歴史的に政治社会の成員たちによってそのつど定義され、必要とあらば是正されていく必要のあるものである。[4]だから、「決定に到達する過程は、当初の選好が他者の観点を考慮に入れるように変容する過程」[5]とする過程主義であり、「選好の変容」主義なのであるとしています。

ＰＴＡ会長のＭさんが、三者協議会では、「他人の意見を聞いて、自分の意見も変わっていき」、「みんなで話し合って、より良い方策を考えていく」と述べているのは、協議（討議）のことであり、この協議（討議）民主主義における過程主義・「選好の変容」主義のことであるのです。このことによって、自己利益中心の政治は克服されることになります。もちろん協議会への参加者は自己利益にもとづく要求を持って参加しています。そうした要求を捨てろということではなく、むしろ要求があるから討論になるのであり、討論を通じて「他人の意見を聞いて、自分の意見も変わっていき」「より良い方策を考えて」いけるようになることが重要なのです。

S校長の「早く結果を出すこと」という発言では、M会長の述べたような深い意味の言葉が返ってくるとは予想しなかったかも知れません。校長の「結果」発言は、「新しい行政経営「New Public Management（NPM）」による「マネジメント・サイクル」

と成果・業績主義の導入が言われ始めていた時[6]で、その影響もあったと思われます。

服装問題では、校長は「制服」という意見でしたが、ほとんど同意見はなかったので PTAの「推薦服」を支持しました。多くの教師は「生徒会服装自由化宣言」に基づく服装自由つまり私服登校支持という考えで、職員会としては「推薦服」提案にも「標準服」提案にも反対でした。しかし、1年以上にわたる協議の過程によって、「当初の選好」を生徒会やPTAの観点つまり「他者の観点を考慮に入れるように変容」し、三者で「共通善」を議論し、その結果として「標準服」に到達したのです。教師が服装自由という理念に固執していたり、生徒や父母が自己利益に固執していたら、「標準服」という共通善に到達しなかったでしょう。

3 特別権力関係論から子どもの権利条約へ

(1) ユネスコと国連・子どもの権利委員会の勧告

ユネスコは世界の教師たちに次のように呼びかけてきました。「子ども、父母に学校運営、行政に参加するという民主的原則」を保障し、教師は「権威主義や教条主義」を捨てて、「生徒の自主性と創造性をはげまし、連帯と責任の意識を発展させながら、授業に積極的に参加させる」こと。（1973年「中等教育についての勧告」）「教師、生徒、父母、地域住民が関与する」「民主的な学校運営の試み」を促進しなければならない。（1994年「平和・人権・民主教育に関する総合的行動要綱」）教育研究者の森田俊男氏はこれをユネスコの「子どもたちに3つの参加を」、つまり、生徒の学校参加、社会参加、授業参加の提起と呼んでいました。[7]

また、国連・子どもの権利委員会は、日本では学校などで「子どもの意見の尊重を制限している」とし、「子どもに影響を与えるすべての事柄について、子どもの意見の尊重および子どもの参加を促進」し、「学校その他の施設において、方針を決定するための会議、委員会その他の会合に、子どもが継続的かつ全面的に参加することを確保すること」と2004年から勧告を続けています。

授業参加については、日本でも「学びの共同体」やアクティブ・ラーニングなどの実践が広がっていますが、学校参加についてはドイツ・フランスなどの西欧やオーストラリア・ニュージーランドで30年以上も前から行われてきているような学校運営への生徒参加の実践はなかなかすすんでいません。その原因は何でしょうか。

これらの勧告が、ユネスコ国内委員会である文部科学省（文科省）から現場の教師たちに全く伝えられてきていないということもありますが、なぜ生徒参加はすすまないのかという現場の状況について考察したいと思います。また、少ないながらも全国で取り組まれている生徒の学校参加の実践とその交流集会について紹介します。

(2) 文科省の「開かれた学校」には生徒参加がない

文科省は、「地域に開かれた学校づくり」を提唱し、制度としては学校評議員制度と学校運営協議会制度(アメリカモデル)を推進してきています。また、民主党には学校理事会制度(イギリスモデル)の構想もありました。これらは、父母や地域住民が学校評価や学校支援、学習支援、学校運営に関わっていくものです。つまり、文科省の「開かれた学校」の目的は父母や地域住民に学校への支援を求めるためのものと言えます。しかし、校長権限の強化を図って一部の管理職で学校運営をしながら、職員会議は話し合いの場でなく、単なる伝達機関にしておいて、「開かれた学校」ということで地域住民の参加をすすめている学校では、教職員の反発がみられます。それは教育の専門職である教職員には学校は開かれていないからです。

これに対して、生徒参加を軸とする「参加と共同の学校づくり」の目的は、実施校の多くが「より良い学校づくりのために共同し」と要綱に謳っています。これらの学校には、生徒の生活指導などに課題のある学校も多く、「より良い学校づくり」とは、生徒たちが成長・発達することによって「より良い学校」にしていきたいという目的があります。その成長発達とは、三者協議会（生徒・父母・教職員の三者）などによる生徒の学校運営への参加によって主権者意識を育て、「フォーラム」（三者と地域住民の参加）などによって、生徒たちが地域住民と話し合い、地域づくりに参加することによってシティズンシップを向上させていることだと私は分析しています[8]。また、教師たちにとっても共同の学校づくりで、特に生徒の要望に応えながら自らの授業を改善していくということは、そのことを通じて、教師が反省的教師[9]として、民主主義的な専門職性[10]の向上に生かしていくということであると考えます[11]。

こうした目的ということでは、フランスやドイツなどで国の教育政策として取り組まれてきた、合議制学校運営のための学校会議（名称は国によって異なる）は、子どもたちのシティズンシップの向上を図っていくという目的があり、共通点があります。

（3）なぜ、生徒参加は広がらないのか——大学生へのアンケートから

「生徒参加の学校づくり」には、豊かな実践があります。しかし、優れた実践や効果のある実践なのに、なぜ、広がっていかないのでしょうか。

私は高校教師を定年退職し、現在、２つの大学で教育学や教職課程の授業を担当して

います。都内の私立大学の教職科目も担当していますので、その60名余の学生に中学・高校時代の生徒指導や生徒会活動などについてアンケートを実施しています。学生たちは東日本を中心に14都県ほどの高校から進学してきていて、主に普通科高校の実態がつかめました。

まず、中学、高校で、子どもの権利条約について学習した学生はほとんどいませんでした。名称は知っていたという学生はいましたが、意見表明権などについて学んだ学生は皆無でした。内容まで知っていると答えた学生は、大学の教職課程で初めて学んだ学生ばかりでした。

また、長野県辰野高校の三者協議会と生徒会の取り組みについて紹介すると、「私は校則を少しでも変えたいと生徒会役員になったが、そうした生徒会の要求は学校から全く相手にされず、挫折感しか残っていない。」「校長先生から突然制服を変えると話があり、生徒会で生徒の要望も入れてほしいと申し入れしたが、全く聞き入れられなかった。」「選挙権を持ったので選挙に行かねばと思うが、行ったから社会が変わるなんて全く思っていない。高校まで決められたことに従うだけで、生徒が要望を出すことなど考えられなかった。日本はそういう社会だと思っていた。しかし、辰野高校では三者協議会によって生徒たちが校則を変え、授業改善に参加することで、権利と責任を学んでいて、より良い社会をつくっていく力を得ていると思う。」という意見が多くあり、約7割の学生が「三者協議会などの生徒参加は必要」と回答していました。

生徒指導の実態については、ある学生が「高校時代、塾でいろいろな高校の友達と話していて、校則は偏差値60くらいで分かれていて、進学校は校則もゆるく生徒指導もほとんどないけれど、偏差値が低い高校ほど校則も生徒指導も厳しいと感じていた。」と話してくれました。

私の調査結果でも、全国的に校則も単位認定に必要な出席率規定（「進学校」は1／2～2／3、その他は2／3～5／6であった）も学力の低い高校ほど厳しいという傾向があります。

この大学で学ぶ学生たちが通っていた高校は偏差値50から62ほどの、地域では学力が中位くらいの高校であったということですが、服装・頭髪の点検指導をしている高校は、校門指導がほぼ4割、教室や体育館がほぼ4割、両方でしている高校もあり、全くしていない高校は「進学校」と私学の一部のみでした。茶髪で登校すると校門から帰宅指導され、直すまで登校禁止になっていたという高校も11校ありました。授業に出られないということ自体が学習権の侵害ですが、登校できない間、授業が欠席扱いになっていたという学校も6校ありました。

体罰については、14校の学生があったと答えていましたが、それは全体の22％に当たり、文科省の体罰全国実態調査（２０１３年8月9日発表）の高校の結果が発生校率23・7％（１１９０校）だったのとほぼ同じでした。内容はほとんどの学生が「殴る・蹴る」と記述していました。運動系の部活をやっていた学生ほど「体罰はあった」という回答が多く、「体罰は仕方ない」という学生も多かったのです。

伊藤塾の伊藤真氏は次のように述べています。「憲法は個人の尊厳を根本と考えるべきである。（中略）少なくとも、私が学校教育で受けてきた教育はそんなものとはずいぶん違いました。一人ひとりの個性を大切にする、尊重するなどということは全然なくて、まさに集団として扱われ、みんなと同じに扱われて、少しでも個性を生かしたり、人と違うことをしようとすると、そんなものダメじゃないかといわれてしまう。髪型だとか、服装だとか含めていろいろな問題がありますよね。私自身は、そういう押しつけられるような教育を一時期受けてきました。まったく憲法とは違っていたのです。」[12]

（4）子どもの権利条約と特別権力関係論

人権問題といえるこうした体罰や校則厳罰化の実態から見えてくるのは、日本の学校には特別権力関係論が根強く存在しているということです。

特別権力関係論とは明治憲法下にドイツから輸入した行政法学理論で、学校においては校長と教職員の関係、校長と児童・生徒・保護者の関係は、一般法律を超えて、「包括的支配権をもち、その命令に服さなくてはならない」というものです。「現在の憲法の下では誤った理論だが、学校現場を支配している」と1966年に教育学者の宗像誠也氏は批判していました[13]。しかし、文部省はこの理論をとり続けてきました。現在の文科省『生徒指導提要』でも「校長は校則などにより児童生徒を規律する包括的な権能をもつ」としています。

学校における特別権力関係論[14]は、校則[15]でバイク免許などについて一般法律を超えて規制しているということだけではないのです。それは、学校の生徒観・教育観に流れ続けてきていて、子どもの権利条約を日本政府が批准しても、文部省は現場に下ろさず、教職員組合が学習を呼びかけても、結局学校の考え方の転換は図られなかったのです。それは、「教師は指導・命令する者、生徒はあくまでも指導され従う者」という考えです。体罰という暴力も「指導」の名のもとに許されてきました。学習権侵害の帰宅指導も「指導」だから許されることになっています。

現在、ゼロ・トレランス(子どもに対する寛容さゼロの生徒規律指導方式)が全国に広がっています。これは、1990年代に、アメリカで学校に銃やドラッグが持ち込まれて荒廃した学校を立て直すために導入された、逮捕や停学処分・退学処分による学校管理と排除の方式ですが、これが過剰に適用されていて２０１４年にオバマ政権は見直しを求める文書を出したものです。この方式を２００７年に文科省が「問題行動を起こす児童生徒に対する指導について」等で奨励したために日本でも広がっています。こうした「指導」も容認される背景には、依然と続く特別権力関係論や部分社会論（自律的な部分社会の内部規律については、司法審査の適用外という理論で、現在はこの理論が校則の法的根拠とされている）があります。

こうした特別権力関係論や部分社会論にもとづく「指導・命令」が日常的になっていると、子どもの権利条約を教えることはできません。そうした「指導・命令」と子どもの権利条約は矛盾するからです。憲法学者の樋口陽一氏は「思想・良心・表現の自由」について、会社や学校という「部分社会の中では、その社会の自律に任せるというのですが、つまり、これは社会的圧力に任せるということです」と批判しています[16]。

さらに、新自由主義教育改革によって、学校評価制度で外部委員からの「家父長制的・権威主義的、保守的・道徳主義的な声」[17]によって生徒の服装・頭髪批判を受けて、学校は評価を高めるために校則と指導をますます厳しくしています。

学校経営で校長権限が強化され、「ゼロ・トレランス」的な教育政策も加わり、新たな管理主義教育が広がっています。その指導が、PDCAマネジメントサイクルで教職員に押しつけられているのです。

こうした状況下で、生徒会の顧問が生徒たちの要望を少しでも学校運営に反映したいと職員会議に出しても、「生徒たちの要望を聞く必要はない」と一蹴されてしまうのではないか。ましてや、「子どもの意見表明権も尊重しながら、生徒と共同して学校づくりをしていきたい」と提案したら、「とんでもない、生徒は指導される者で、意見表明などあり得ない」と集中砲火を浴びるのではないか。これが、「三者協議会をやりたいけれど難しい」と私に相談してきた教師たちが一様に述べてきた危惧でした。

体罰や学習権侵害を生んでいる学校の特別権力関係論や部分社会論を転換するためにも、日本の学校に子どもの権利条約を根づかせるためにも、三者協議会などの生徒参加の学校づくりが求められていると考えます。それは、ドイツで生徒参加の合議制学校経営を制度化した時、学校における特別権力関係を撤廃して、生徒と学校・教師との関係を「学校関係」に転換した[18]ことによってスタートしていることをみても分かります。

（5）戦後の生徒参加の歴史と1990年代以降の展開

戦後の学校運営への生徒参加の歴史については、第2章「戦後の学校運営への生徒参加はどう行われてきたのか」にまとめました。戦後教育改革期の新宿区立四谷第六小学校の学校委員会の実践は小学校の実践ですが、高校においては旧制中学の自治の歴史を引き継いだ新制高校の「進学校」で二者あるいは三者協議会が実践されていき、そのの ち衰退はしていきましたが、１９９０年代前半にも千葉県立東葛飾高校、千葉県立小金高校、埼玉県立所沢高校の実践が知られています。

１９９０年代後半からは、長野県辰野高校の実践から、いわゆる「進学校」ではない高校を中心に広がり、その特徴は、生徒会と職員会の二者会議ではなく、そこに父母（ＰＴＡ代表）が加わった三者協議会や、さらに地域住民も加わった四者会議やフォーラムとして展開されていったことです。

県別にみると、長野、滋賀、和歌山、北海道、岡山、埼玉、東京などに実践校が多いです。長野、滋賀、和歌山、北海道、岡山の高校での取り組みには、教職員組合の呼びかけも影響しています。これらの県の高校の教職員組合は、旧日本高等学校教職員組合（日高教）の加盟でした。この旧日高教は１９７４年の組合大会で、父母、地域住民とともにすすめていく教育運動という方針を確立し、それ以降、父母、地域住民との学校づくりをすすめてきたという歴史をもっています。そのため、学校運営への父母、地域住民、さらに生徒の参加ということについて、教職員に理解があったということがあります。

長野県では、辰野高校の他に、軽井沢高校、岡谷東高校、箕輪進修高校、赤穂高校（全・定）、高遠高校（四者）で実施されています。

その他、東京では、国立の東京大学教育学部附属中等教育学校、私立の大東学園高校、法政大学高校が三者協議会を続けています。また、神奈川県小田原の私立旭丘高校は全学協議会（六者）を続けています。中学では、高知県奈半利中学校の全校生徒参加の三者会や長野県の上田第六中学校の四者会議、東京の私立・和光中学校、国立では名古屋大学教育学部附属中・高等学校の三者協議会などが知られています。

埼玉県では県が学校評価懇話会への生徒の参加制度をつくったため、多くの高校で生徒参加が実現しています。また、横浜市立横浜総合高校も学校評価懇話会に生徒会が参加していて、三者懇談会を続けてきています。このように、学校評議員制度や学校評価制度の会議に生徒会代表が参加して生徒会の取り組みを報告しながら、生徒会としての要望も述べることができるようにすることは全国の学校で可能なことです。

(6)「開かれた学校づくり」全国交流集会の歩み

毎年開催されている「開かれた学校づくり」全国交流集会は通算16回目の開催となりました。この集会の前身は、「教育委員の準公選をすすめるための全国交流集会」という開かれた教育行政のための集会でしたが、それを発展させて、開かれた学校づくりと開かれた教育行政づくりをテーマとする集会にしました。この集会の開催を中心的に担ってきたのは元東京大学教授の浦野東洋一氏で、全国各県に足を運び現地実行委員会を組織しながら開催し、「開かれた、参加と共同の学校づくり」の拡大に尽力してきました。

開催されてきた場所は、第一回が高知県・高知大学、それ以降、長野市、滋賀県・近江兄弟社学園、北海道・苫小牧駒澤大学、大阪市、東京・大東学園高校、和歌山市、長野県・辰野高校、山口市、東京・明治大学、東京・東京大学、北海道・北海学園大学、埼玉県・獨協大学、東京・一橋大学、滋賀県・近江兄弟社学園、名古屋・市立中央高校です。

第10回全国交流集会の内容については、『開かれた学校づくりの実践と理論―全国交流集会10年の歩みをふりかえる』（浦野東洋一・神山正弘・三上昭彦編、同時代社、２０１０年）にまとめられています。第11回からは集会呼びかけ人代表は、浦野東洋一氏から勝野正章氏（東大）、中田康彦氏（一橋大）に交代し、理論研究分科会と実践研究分科会、そして高校生の活動交流分科会を行っています。

【注】

1　田村哲樹『熟議の理由―民主主義の政治理論』勁草書房、2008年、9―11頁

2　田村哲樹（『熟議の理由―民主主義の政治理論』勁草書房）や山田竜作（「包摂／排除をめぐる現代デモクラシー理論―「闘技」モデルと「熟議」モデルのあいだ」『年報政治学2007』）は、deliberative democracyを「熟議民主主義」とよんでいる。

3　Young,Iris M.“Communication and the Other:Beyond Deliberative Democracy,”in Benhabib(ed.)(1996) p121

4　千葉眞『ラディカル・デモクラシーの地平』新評論、1995年、175頁

5　Miller,David“Deliberative Democracy and Social Choice,”in David Held (ed.), Prospects for Democracy:North,South,East,West,Polity Press.(1993) p75

6　2001年の経済財政諮問会議答申「今後の経済財政運営及び経済社会の構造改革に関する基本方針」（いわゆる小泉内閣の「骨太方針」第一弾）。その後2004年の地方分権改革推進会議答申「地方公共団体の行政運営と行政体制整備について」に全面採用された。

7　森田俊男『自由主義史観の創造的克服を―子どもたちに3つの参加を』平和文化、1998年

8　宮下与兵衛「学校参加・社会参加による生徒の成長と学校改善の研究―長野県辰野高校の『開かれた学校づくり』の事例研究」『民主教育研究所年報2011（第12号）』に収録

9　ドナルド・ショーン『専門家の知恵―反省的実践家は行為しながら考える』佐藤学・秋田喜代美訳、ゆみる出版、2001年

10　ジェフ・ウィッティ&エマ・ウィズビー「近年の教育改革を超えて—民主主義的な専門職性に向けて」『教師の専門性とアイデンティティ』久冨善之編、勁草書房、2008年

11　宮下与兵衛「生徒による授業評価を通した教師の専門職性開発の研究—長野県辰野高校の授業改善の取りくみにおける実践研究」『日中現代教育学会誌第1巻第2号』2011年

12　伊藤真『伊藤真の憲法入門第四版—講義再現版』日本評論社、2010年

13　宗像誠也「『教師の地位』覚えがき」『宗像誠也教育学著作集第4巻』青木書店

14　勝野尚行は「現代日本の学校と『いじめ』問題」『現代日本の教育と学校参加—子どもの権利保障の道を求めて』(勝野尚行他編、法律文化社、1999年）で日本の学校の管理主義教育体制には特別権力関係の理論による包括的支配服従関係の論理があるとしている。

15　校則については、元国立教育研究所長の菱村幸彦によって特別権力関係論を根拠とした説明がなされきたが、昭和52年の富山大学単位不認定確認訴訟で最高裁判決が部分社会論を論拠とする判決を下してからは菱村も部分社会論による説明をしている。(菱村幸彦『管理職のためのスクール・コンプライアンス』ぎょうせい、2010年）しかし、現場の教師たちには、特別権力関係論と部分社会論の2つに相違は感じられていない。

16　加藤周一・樋口陽一『時代を読む—「民族」「人権」再考』岩波現代文庫、2014年

17　勝野正章・佐藤学『安倍政権で教育はどう変わるか』岩波ブックレットNo.874

18　柳澤良明『ドイツ学校経営の研究—合議制学校経営と校長の役割変容—』亜紀書房、1996年

コラム②

世界の政治教育・シティズンシップ教育

●世界では政治教育はどう行われているのか

世界では政治教育や主権者教育が民主主義の社会を継続していくためのものとして取り組まれています。例えばドイツでは、政治教育は学校教育でも社会教育でも熱心に行われています。ドイツでは戦後、「人びとの非政治的態度がナチズムを生んだ」という反省から政治教育が重要視されてきていて、各州の学校法が政治教育の規定を定めています。

学校では、「政治科」の授業があり、テキスト『政治を体験する』などで、民主主義、地方自治、共生、ナチズムの歴史、マスメディアによる政治操作、政治参加などを学んでいます。また、ジュニア選挙（模擬投票）で最も大切にされているのは、事前学習で、社会科（政治科や歴史科）ばかりでなく、他の教科も含めた授業を数時間使って政治的リテラシーを学んでいます。そこで選挙制度やメディアの戦略、各政党の主張や候補者について自ら調べることが促されます。（近藤孝弘『ドイツの政治教育 成熟した民主社会への課題』岩波書店）第二次世界大戦の同じ侵略国として、日本はドイツから学ぶこと

コラム②

が多いのです。

世界の政治教育、公民教育の特徴は、教師が板書して教える授業ではなく、生徒たちが現実の政治問題について調べ、討論して自分の考えをつくっていくというものです。

●世界では主権者教育はどう行われているのか

世界では主権者教育とは言わず、公民教育とかシティズンシップ教育と言っています。シティズンは市民で、シティズンシップは市民性ということです。シティズンシップ教育は市民の権利を自覚し、その権利を行使できる市民に育てていく教育ということです。

世界のシティズンシップ教育は授業での市民権や政治参加の知識を得る学習だけでなく、民主主義を体験で学んでいくという特徴があります。その方法は大きく分けてヨーロッパ型とアメリカ型の方式があります。

ヨーロッパ型のシティズンシップ教育の中心は、生徒が学校運営と教育行政に参加して民主主義を体験して、市民として成長していくものです。

一方、アメリカ型のシティズンシップ教育の中心は、サービス・ラーニングというもので、生徒が地域に出ていき、ボランティア活動や地域づくりの活動に参加することによって市民としての力をつけていくというものです。

コラム②

アメリカのシティズンシップについての論者を分類[1]すると次のようになります。

・立憲主義にもとづくシティズンシップ（政治的・批判的思考力）―ロールズ

・共同体主義（コミュニティづくり力）―エチオーニ、サンデル

・参加民主主義（公共生活への参加のコミュニケーション力）―バーバー

・パブリック・ワーク（地域問題解決への参加力）―ボイト

・社会関係資本（ソーシャルキャピタル、社会的制度学習・ネットワークづくりの力）―パットナム

また、教育学者の広田照幸氏は平井悠介氏の次のような分類を紹介[2]しています。

・市民的共和主義（コミュニティへの参加）―サンデル、バーバー

・多文化主義（多元的な文化・価値観を保障する）―ヤング

・政治的リベラリズム（公教育では民主主義のスキルを教え、個人の価値観に踏み込むことはいけない）―マセード

・相互の変容を可能にする政治的リベラリズム（スキルとともに、討議のための共感、開かれた心性、批判的思考も育成する）―カラン

マセードやカランの主張する政治的リベラリズムは、公教育では個人の価値観に踏み込んではいけないという考えですから、日本における道徳教育は認められないことにな

コラム②

ります。

イギリスでは、バーナード・クリックを委員長とする教育省の諮問委員会による『シティズンシップのための教育と学校で民主主義を学ぶために』（通称：クリック・レポート）をうけて、2002年から授業の中でシティズンシップ教育が行われています。世界的にシティズンシップ教育が行われるようになったのは、若者が選挙に行かなくなったからです。特にその傾向が著しいのは新自由主義政策の強いイギリスとアメリカで、国の政策としてシティズンシップ教育を推進していますが、なかなかうまくいっていません。

シティズンシップ教育も主権者教育も、本来は個人を国より尊重するものですが、国や地域共同体を上位に置く考え方もあり、注意しなくてはなりません。

1　唐木清志『アメリカ公民教育におけるサービス・ラーニング』（東信堂、2010年）で紹介しているバティストーニの分類。

2　広田照幸監修・著、北海道高等学校教育経営研究会編著『高校生を主権者に育てる―シティズンシップ教育を核とした主権者教育』（学事出版、2015年）

第４章 地域づくりへの生徒参加による主権者教育

1 地域をつくる主権者を育てる

２０１４年に発表された日本創成会議による『増田レポート』の「消滅可能性都市８９６」という地方消滅論、自治体消滅論と、２０１５年1月に発表された文部科学省の小中学校の統廃合「手引」（子どもの通学は小学校４キロ以内、中学校６キロ以内を統廃合の基準としてきたのを、スクールバスなどでおおむね1時間以内と変更した）は地方に住む住民に大きな不安を与えています。長野県内には、栄村、阿智村、木曽町、望月町、中川村などの「小さくても輝く自治体」といわれる住民による自治で成功してきている町村があるにもかかわらず、信濃毎日新聞の長野県民への世論調査では62％の県民が「消滅論に危機感を抱いている」と答えています[1]。

さらに、政府の「地方創生」の中身も、地方の中核都市を選択して、そこに住民を集中させることによって地方消滅を防ぐという「選択と集中」というもので、小さな市町村は一層不安にさらされています。まるで「小さな自治体はもたない、学校もなくなる」という脅しをかけて、住民を中核都市に移住させ、「さらなる市町村合併と学校統廃合をすすめろ、それが生き残る道だ」と言われているように感じられます。

地域と学校は今、存続の危機をつきつけられています。持続可能な地域をつくっていく担い手、つまり地域を守り、つくっていく主権者を育てる教育のあり方について考えていきます。

(1)「村を育てる学力」再考

教育者・東井義雄氏の『村を育てる学力』は1957年に書かれました。当時すでに都市への人口集中現象の中で、特に「進学校」を卒業した高校生たちは都会の大学に進学し、そこで就職して地元に戻ることはなく、それを「村を捨てる学力」と呼んだのです。それは、地元には大学卒で就職できる仕事が教員や役場職員などに限られていたこともあります。したがって、生まれ育った地域で生活して、消防団などに入り、地域の伝統芸能などを継承して地域を守ってきたのは主にかつては中卒者、その後は「進学校」以外の普通高校や職業高校の卒業生や中退生たちです。特に、小さな村や町を守ってきた住民たちは、地域高校出身者が多いのです。また、栄村や阿智村、望月町などの住民自治の村づくりをしてきた首長は信濃生産大学（東大の宮原誠一・藤岡貞彦氏等が関わる）等の社会教育で育った人たちです。つまり、「村を育てる学力」をつくってきた地域高校や職業高校、そして社会教育の役割は、今こそ見直されなければならないと考えます。

(2) 地域づくりに求められている若者参加

長野県辰野高校と北海道美瑛高校、茨城県小川高校の生徒会の地域づくり参加の本[2]を出版したところ、2年たたないのに3刷り発行となりました。教育関係者とともに地域づくりをはじめ地域でさまざまな活動をしている方たちに読まれているということです。地域の消防団、ボランティア活動、文化活動、平和活動、地域づくり活動などの担い手が高齢化して、どこでも若者の参加が求められています。だから、なぜ、高校生たちが自主的に地域づくりに参加してきたのか、どうすれば若者に参加してもらえるのかを知りたくて読まれている、ということです。

町や村の存続、地域の存続のためには若者がそこに住み、地域づくりに参加していくことが求められます。今の若者には高度経済成長期のような都会志向はあまりなく、できれば地元で、地方で生活したいという若者が増えています。しかし、「若者の地域における人間関係は希薄である。だが、きっかけがあれば、若者たちは地域社会にコミットしていく可能性がある。」と分析されています[3]。

本の中で私は地域づくりに参加した高校生たちが書いたレポートと、卒業生たちへの聞き取りの分析から、地域づくり参加は学力とシティズンシップ（市民性）とを発達させているということを書きました。ここでは、地域社会にコミットしていった3校の高校生たちの取り組みの分析を通じて、地域をつくっていく若者を育てる主権者教育について考察してみます。

（3）高校生の地域づくり参加

①生徒の囲い込みか、開かれた学校か

上記の3校に共通していたのは、地域にある高校であるため都市部にある高校のような人気がなく、不本意入学の生徒たちもいて、通学マナーや喫煙などで地域の中で評判がよくなかったことです。美瑛高校と小川高校の場合は、そうした問題を厳しい校則と

生徒指導によって解決しようとしました。つまり、学校に囲い込んで学校内で厳しく指導したのです。こうした結果、美瑛高校と小川高校では真面目な生徒たちは委縮し、やんちゃな生徒たちは陰に隠れて問題行動を続けました。

一方、辰野高校では囲い込み方式ではなく、むしろ学校を地域に開いて、地域の声を反映させて改善しようとしました。そのために、辰野町の町長、教育委員長、議会文教委員長、区長などと全教師による教育懇談会を開始し、懇談会で出された批判を担任が生徒たちに伝えました。しかし、担任が地域代表の批判の声を伝えると、真面目な生徒たちはますます自尊心を失い、やんちゃな生徒たちは「どうせ、俺たちはそうだよ」と居直っていったのです。

② 子ども不在の開かれた学校はない

辰野高校で3年間続けた地域代表との懇談会は失敗に終わったのです。問題点は、①生徒不在であること、②地域代表のみの参加であること、と総括しました。

文部科学省による「開かれた学校」は学校評議員制度と地域運営学校制度（コミュニティ・スクール）です。これらが提起される以前の1995年から辰野高校の懇談会は始められましたが、よく似ています。地域代表のみの参加による「開かれた学校」は、「家父長制的・権威主義的、保守的・道徳主義的な声ばかりが教育に関する地域の意向として正統化される傾向がある」[4]と指摘されているように、それらの人々は子どもたちの外観しか見ていないために批判ばかりするのです。

なぜ、文科省の「開かれた学校」では生徒参加は排除されているのか。その目的は学校に地域からの支援を求めるものであり、生徒の自治意識、主権者意識を高めるという目的がないからといえます。これは、フランス、ドイツなどヨーロッパ各国が学校運営を生徒代表、保護者代表、教職員代表、地域住民代表による学校評議会で行っている目的が、民主主義的学校運営と生徒の自治的能力向上による主権者教育であるのと対照的です。

辰野高校では憲法・47教育基本法施行50周年の年に生徒会・ＰＴＡ・職員会の三者で「学校づくり宣言―学校憲法宣言」を採択して「三者協議会」[5]をスタートさせ、同時に生徒参加と日頃から生徒と関係のある地域住民の参加に転換した「辰高フォーラム」を始めました。フォーラムの日は地域住民に授業を公開し、生徒たちと住民が話し合いを行うようにしました。

③ 住民との話し合いからボランティア活動へ

第1回フォーラムでは参加者から批判とともに生徒たちのボランティア活動を評価する意見などが出され、生徒たちは批判も含めて、大人たちが自分たちのことを心配してくれていることを理解していきました。そして、生徒会長は地元区長のゴミのポイ捨てに困っているという発言に、生徒会で通学路にゴミ箱を設置して、回収していきたいと発言したのです。その後、地区の許可を得て、ゴミ箱を学校から駅まで設置して回収を続けました。さらに生徒会は三者協議会で父母から指摘された、ゴミを捨てている生徒がゴミ拾いをすべきだという意見を生徒総会に提起して可決され、町内の全校ゴミ拾いを続けました。

美瑛高校の場合は、元気のない高校生たちを生徒会活動の活性化で元気づけようとした生徒会顧問が努力して、生徒・保護者・教職員による三者懇談会を始め、さらに住民も参加する

辰高フォーラムで生徒会長が発表

フォーラムの開催にこぎ着けました。その話し合いから、町からの学校支援と生徒会による地域でのボランティア活動が始まっていきました。

④ 高校生の地域の文化活動への参加

住民の生徒に対する評価が変化していくと、フォーラムでは住民から要望が出されるようになり、生徒会は町の行事や公民館の文化祭に出て欲しいという要望に応えていきました。それ以降、文化系クラブの地域の文化活動への参加が毎年取り組まれています。美瑛高校でも町の白金太鼓を習って学校祭で演奏し、生徒会長の吉川君は卒業後も町に残り、町の太鼓サークルの副会長として地域活性化に取り組んでいます。一方、小川高校では3年に1回しか開催が認められていなかった文化祭を生徒会の要求で毎年開催にし、町文化協会や町の太鼓サークルも出演して、地域住民が千人も参加する文化祭に変えました。

⑤ 高校生と地域住民との話し合い

辰野高校のフォーラムでは、分科会形式を取り入れ、地域住民と生徒双方がテーマにかかわる活動レポートを報告し合い、どう協力・連携できるか話し合っています。分科会は「福祉・環境」「国際化・情報」「産業振興と進路指導」「地域文化と特別活動」「地域の活性化と高校」などのテーマで行われてきました。分科会で、町の商工会長から「駅前商店街はさびれる一方です。空き店舗をタダで貸すから生徒会で店を開いてほしい」という提起がなされました。全国的な傾向ですが、辰野町も大型店舗ができて駅前商店街がさびれ、さらにその大型店舗も閉鎖・撤退しました。商工会は商店街活性化のためには若者の参加が必要だと考えていました。また、高校にとっても不況の中で、地域の産業振興と高校生の就職保障は一体のものとなっていました。

⑥ 高校生による地域問題調査と住民とのシンポジウム

辰野高校生徒会は2003年の文化祭で「第1回高校生と住民による町づくりシンポジウム」を開催し、「魅力ある町づくりと合併問題」をテーマにしました。生徒会は町助役と総務課長、商工会、合併を考える会、研究者をパネラーに招き、一般町民と生徒の参加で討論しました。生徒会が全校生徒にとったアンケートでは、「市町村合併反対」は82%で、反対理由で最も多かったのは「今の町や村が好きだから」でした。また「住民投票は中学生以上の全員にすべき」には「賛成」が7割ありました。

地元新聞がこのシンポジウムを一面で取り上げ、生徒会長の「住民投票はこれから地域で住んでいく中学生以上の参加にして欲しい」という発言を報道したこともあり、辰野町はその後、その要望を実施しました。町民多数の合併反対で町は自律の道を選び、その後できた「自律と協働の町づくり」委員に生徒会役員が委嘱され参加して意見発表していきました。

　この生徒会主催のシンポジウムと地域調査は以後何年も続けられました。翌年は、町の中心地にあったパルプ工場が閉鎖になり、その跡地利用について、２００５年は、町立病院の移転改築問題をテーマに行いました。町は町営プールをつぶして、そこに病院を建てるという計画でしたが、生徒による町民アンケートでは反対が多く、生徒会長は「子どもたちにとって魅力ある町にするためにもプールをつぶさないで欲しい」と発言しました。その後、辰野町はプール場への移転計画は変更し、別の場所に建設しました。２００６年には

生徒会主催の地域住民との町づくりシンポジウム

町のゴミ処理と生徒のゴミ分別について、２００７年には高校に対する住民や同窓生の意識調査を実施し、シンポジウムを開きました。

高校生たちが地域の問題を調べ、住民とともにその解決策を考えたことは住民自治への参加でした。地域に問題があっても、住民が行政まかせ、なりゆきまかせでは自治は成り立ちません。国連子どもの権利委員会は、日本では、子どもに関することを決める時に、学校その他の施設において会議に子どもの参加を確保していないとして注意勧告をしてきました。ヨーロッパなどではそうした子どもの参加は当然のことなのです。

プールをつぶしてしまうという町行政の計画段階で、利用者である子どもの意見を全く聞いていませんでした。辰野町だけでなく、日本のほとんどの自治体が子どもに関わることを決める時に子どもの意見を聞いていないでしょう。これは子どもの権利を保障していないという問題とともに、これからの住民である子どもの意見も聞かずにまちづくりをすすめているということであり、これでは地域を愛し、住んでいきたいと考える子どもは育っていかないでしょう。未来の地域の担い手を育てるという観点で、子どもの地域づくり参加を考えて欲しいのです。

⑦ 地域で学ぶ、地域から学ぶ、地域を学ぶ

辰野高校では「地域」という学校設定科目を始め、辰野町や伊那谷の歴史・民俗・文学、産業、地形・地質と防災対策、里山やホタルなどの自然保護、ごみ処理・産業廃棄物・天竜川の水質などの環境問題、ボランティア活動、地域に住む外国人などについて町民を講師にした学習に取り組みました。それ以降、多くの授業で地域に出かけて学んでいます。

生徒会図書委員会は２００７年から辰野町と辰野高校について学び調査したことを文化祭で展示し始め、それを冊子『君は辰高と辰野町を知っているか　辰高・辰野町検定』にしました。その内容78項目は、辰野町の歴史・地理、民俗・文化、自然・環境、災害・事件、そして辰野高校の歴史、学校憲法宣言と三者協議会などの内容で84ページとなり、全校生徒に配布して校内検定を実施し、翌年からは校内とともに町内の公共施設など10カ所以上で実施してきています。

また、図書委員会は２００８年には、辰野高校は地域にとって必要な存在なのかどうかを住民意識や経済効果などで調査し、冊子『辰高効果をシミュレート―もしも辰野町に辰高がなかったら』(56ページ)を発行しました。地域にとっての経済効果については、学校が町の商店や事業所に支払っているのは年間２千数百万円と計算されました。

地域で学ぶこと、地域を学ぶことについてアメリカの進歩的教育学者ジョン・デューイは「コミュニティにおいて蓄積され伝達された知的資源によって、個人の理解力と判断力を拡大強化することは、地元地域のコミュニティにおける直接的な相互の交わりの関係においてのみ実現可能になる。」[6]と述べましたが、この言葉は、東日本大震災での津波被害と防災対策を考えた時その重要性がよく分かります。

歴史的に繰り返されてきた津波被災についての言い伝えの聞き取りや文献調査、宮古市姉吉地区にあるような「此処より下に家を建てるな」などの石碑調査などが、地域防災にとっていかに大切であったかということを示す言葉です。石巻市の大川小学校では子どもたちを校庭に避難させて50分間待たせた後、避難候補地の橋のたもとに移動させる途中で津波に呑まれて、児童78名中74名と、教職員11名のうち10名が亡くなりました。地域をよく知っている子どもたちが「裏山に逃げよう」と言った言葉は採用されなかったようです。

地域を学ぶことは、災害時には命を守るための「理解力と判断力」に結びつくことなのです。

⑧ 地域づくりへの参加で高校生も住民もエンパワメントされる

辰野高校生徒会は商工会長からの空き店舗経営の提案を受けとめ、辰野駅から学校につづく大通り商店街の60店舗を訪問して商店街の活性化に関するアンケートを実施しました。しかし、商業科の生徒たちの分析で店舗経営は採算が取れないということになり、フリーマーケットを商工会とタイアップして開始し、毎年３回ほど開催してきました。その後は、商店街の売り出しの時に辰高生徒会の店を出してきました。次に商業科の生徒たちは町内のお弁当屋や製菓会社と共同してオリジナル商品をつくるという商品開発を始め、生徒考案の菓子「チョコっとリンゴクッキー」などは県内のスーパーで販売されています。

念願の店舗経営については、商工会の補助金制度が始まり、企画書が採用されています。２０１２年の秋から辰野高校生によるコミュニティ・カフェを冬期間の土曜日に開店しています。このカフェをどんなものにするか話し合ったとき、「辰野町は冬の間とても寒いので、一人暮らしのお年寄りが家に閉じこもっている。そんな人たちが集まっておしゃべりできる場所にしたい。」という生徒の発言で始めました。コーヒーとお茶は無料で生徒考案の商品が並び、住民の集いの場になりました。２０１４年度は子どもたちが映画も観られるようにシネマ・カフェも開いていました。

一方、小川高校では、生徒たちが通学に利用している鹿島鉄道が赤字経営で廃止されるという大問題が起こりました。生徒会は存続運動を始め、沿線の中学、高校15校の生徒会に呼びかけて、鹿島鉄道沿線中高生徒会連絡会（かしてつ応援団）を結成しました。応援団は署名活動をし、県と沿線の5市町村への公的支援を要請して、5年間2億円の支援が実現して当面の存続が実現しました。

その後も、生徒たちは駅への七夕飾り、クリスマスツリー飾り、駅のクリーン作戦、子供列車などへの協力、駅のトイレ設置要望、募金117万円で駅のペイント、ラッピング列車の運行、中高校生へのフリー切符発売などを続けました。26回の署名・募金活動で高校生が集めた署名1万6千筆、募金は312万円でした。しかし、5年間の公的支援が終了すると、会社は鹿島鉄道線からの撤退を発表して廃線が決まりました。しかし、かしてつ応援団の生徒たちはあきらめず、県知事、沿線4市、バス会社に代替バスの運行を要請し、実現しました。現在は、かつての鉄道のレールははが

「かしてつ応援団」の生徒たち

されて舗装され、専用バスレーンとなり、通学バスが走っています。

辰高フォーラムでは、生徒会長が「僕たちは地域のみなさんから期待されたから頑張ることができました。」と発言すると、商店街からの参加者から「商店街はさびれる一方で元気をなくしていたが、辰高生のアンケートやフリーマーケットの活動から元気をもらった、勇気をもらった。」と発言が続きました。

小川高校の場合も高校生たちは鉄道存続運動をしていた市民と連携して活動をすすめ、存続は無理とあきらめていた住民を励ましました。地域づくりへの高校生の参加と住民との協同で、高校生と住民とが相互に元気づけ（エンパワメント）合ったのです。

地域には規制緩和によって大型店が進出して、全国的に駅前商店街は空き店舗が増えており、また公共施設の民営化や廃止がすすめられています。教育においても通学区の規制をなくし、学校の統廃合がすすめられています。地域の商店街や公共施設、学校を守ることは地域を守ることであり、地域と学校との連携・協同はますます重要になっています。こうしたことを生徒たちは地域住民とのコミュニケーションを通じて学び、地域の抱える深刻な課題を解決していく方策を共に考えてきています。

まとめ―学校づくり、地域づくりへの生徒参加で主権者・市民が育つ

18歳選挙権が実現することになり、日本の若者の投票率の低さから、主権者教育の必要性が指摘されています。人は20歳、あるいは18歳になれば自動的に自覚的な主権者になれる訳ではありません。それまでの期間に主権者に必要な知識とともに主権者意識を育んでいかなくては、社会の自覚的主権者にはなれません。辰野高校で実践してきた三者協議会は学校運営に生徒が参加することによって学校（自治）の主権者であるという意識を育んでいるものであり、また、3校のフォーラムでの住民との話し合いと地域づくりへの参加は地域（自治）の主権者であるという意識を育んでいるものです。

2 地域活動で育まれるシティズンシップ

(1) 3校で活動した卒業生からの聞き取り

① 辰野高校の元生徒会長への聞きとり

三澤さん（2002年後期～2003年度生徒会長）《2013年9月22日 インタビュー》

質問）三澤君は生徒会長として活躍しましたが、なぜ生徒会をやろうと思ったのですか。

僕は1年の10月からルーム長になり、1年・2年と生徒会の学年代表になり、2年の10月に立候補して生徒会長になったんです。入学した時に、ちょうど生徒会は標準服導入に取り組んでいて、先輩たちが生徒会でファッションショーをして全校投票でデザインを決めていき、すごく面白かった。僕も三者協議会に代表として出て、標準服のルールを決めることに参加し、こんなことと生徒会でできるんだと思った。それで生徒会長に立候補したんです。

質問）クラス数削減について田中康夫知事に抗議のメールをしたのですね。

生徒会長になってすぐに、次の年から辰高は1クラス減ると県が発表したんですよ。その年の1年生は定員オーバーしていたのに。1クラス減れば、3年間で3クラス減り、生徒会費は120人分も減ってしまう。それで、（宮下）先生に相談して田中知事にメールしたんです。辰高の生徒会は頑張っているのになぜ減らすんですか。三者協議会を見に来てくださいと。そしたら、5月の三者（協議会）に知事は来なかったけれど、4人が来たんです。

質問）県の教育次長、高校教育課長と主任指導主事など4人で。私もびっくりしましたが、なぜか翌年にクラス数が元に戻ったんですね。

そう、復活した。生徒会のことを見てくれたことはうれしかった。

質問）三澤君たちが生徒会のテーマを「地域との連携」と決めて、合併問題と若者に魅力あるまちづくりについてのシンポジウムを始めたモチベーションは何ですか。

前の年のフォーラムで、町のみなさんから町の行事に企画段階から参加して欲しいとか、いろいろ要望が出たんです。すごく期待されていると思いうれしかった。それで、「連携」って決めて、何するか宮下先生や生徒会顧問に相談しながらやっていったんです。生徒会で呼びかけたら、魅力ある辰野町立体模型づくりも商店街のアンケートも各クラスが立候補してやってくれた。シンポジウムも初めてで少し心配だったけど、高校生にも住民投票に参加させて欲しいって発言して、辰野町はそれをやってくれて良かったと思う。

質問）フリーマーケットについてはどうでしたか。

フォーラムで商工会長さんからお店をやって欲しいと言われて、でも店は無理だって分かり、そのころ流行っていたフリーマーケットならできると思った。インターネットのフリマ・サイトに登録してお店を出してくれる人を募集したり、手作りポスター作ったり、焼きそばの店を出したり、生徒会のみんなが協力してくれて面白かった。同窓会もＰＴＡも商工会も協力してくれた。町長さんも見に来てくれた。商店街のみなさんもうれしそうだった。

質問）その商工会長さんと町長さんが大学の推薦状を書いてくれたんですね。

合併についての全校アンケートをとり、町づくりシンポジウムで町のみなさんと話し合いをしたり、フリマを商工会や商店街のみなさんとしたりしているうちに、将来こんなことをしていきたいなと思い、大学でまちづくりのことを勉強したいと思うようになったんです。それまでは、商業科だったし、大学進学のことはあまり考えていなかった。自分でまちづくりについて学べる大学を探していくと神奈川大学の自治行政学科が見つかって、でも自分の偏差値では合格ラインに達していないので、入りたいという気持ちで勉強するようになったんです。その学科は地域推薦制度があり、（宮下）先生に言ったら、町長さんも商工会長さんも僕が頑張ってきたことを知っているから、推薦状書いてもらえばいいよと言われて頼んだらすぐ書いてくれたんです。

質問）社会人になって、今はまちづくりについて、どう考えていますか。

今は、地元の三洋グラビアというグラビア印刷やパッケージ製造をしている会社に勤めているんですけど、東京営業所の営業の仕事をしているから休日しか地元に帰れないんです。辰高生の活動は注目していて、「チョコっとりんごクッキー」のパッケージを作っているのも私の会社です。辰高生が地域で頑張っているのはうれしい。兄が地元の伊那市で町おこしの活動をしていて、僕も地元の本社に帰ったらまちづくりの活動をしたいと思っています。将来的にはラーメン屋さんでもやりながらしたいですね。

②　美瑛高校の元生徒会長への聞きとり

吉川さん（元生徒会長2004年後期～2005年9月）《2012年8月8日インタビュー》

質問）生徒会でどんなことをしてきましたか。

生徒会役員になったのは、美高祭（学校祭）実行委員に誘われてなり、生徒会顧問の波岡先生の誘いで生徒会会計係になりました。そして、前生徒会長と波岡先生に誘われ会長になったんです。一年の会計の時、第一回美高フォーラムに参加しました。2005年の四者協議会の時に先輩たちから話があり、ヘルシーマラソンの給水ボランティア活動を全校に呼びかけて、日曜日だから中には嫌々という人もいましたが全校生徒でやりました。以前からカン（缶）トリー作戦という町の中や丘の観光地のゴミ拾いのボランティアに有志で参加していました。フォーラムで「全校でやろう」と呼びかけました。全校に呼びかけたのは美瑛町の生徒は少なくて、旭川などから来ているから。フォーラムでゴミのポイ捨てについて商店街の人から意見があり、町の人に印象が悪かったから、そのイメージアップもあってやったんです。町の人に「美瑛高についてどう思っているか」というアンケートもとりました。服装の評判も悪かったんです。

その時に、クラスマッチをやりたいと提案もして、通りました。制服を変更してという要望と、自販機設置の要望は通らなかった。フォーラムに駅長さんも来ていて、列車を二両にしてという要望も出して、これは前々から出していたことですが実現しました。

質問）地域で活動してどうでしたか。

地域活動で楽しかったことは、「こういう生徒たちもいるんだね」と評価してくれたこと。知らない人にも話しかけられ、町の人たちと会話することができるようになりました。町の人も美高生は怖いという印象があったと思いますが、挨拶をかわすようになって、みな表通りを通学するようになり変わっていったと思いま

美瑛高校生徒会のボランティア活動

す。

質問）今は地域で活動していますか。

今は社会人として、地元のガソリンスタンドで働いています。若者の８割は町から出ていき、道内や道外に行くが、帰ってくる人もいます。農業をしている人もいます。町の太鼓サークルに入っていて、副会長をしています。町の火祭りや農業祭りなどで演奏し、町の人から「元気もらったよ」と言って喜んでくれることが楽しい。美瑛には観光で外から人は来るが、町の人は買い物も旭川に行き、お祭りも活気がなく、なんとか町をもりあげていきたいと思っています。高校の時に生徒会で「一人ひとりが主役になれる高校」と言ってきましたが、そんな町づくりができたらと思っています。

③　小川高校の元生徒会役員への聞きとり

小川高校元生徒会役員５名と栗又衛顧問《２０１２年11月23日インタビュー》

質問）かしてつ応援団にどんな気持ちで参加していましたか。

原田元副会長（公務員）―最初はなくならないと思っていましたが、関東鉄道の発表で次第に危ないという感じになってきて、町の人たちの応援も強くなってきました。

寺内元生徒会長（トリマー）―先輩から受け継いで始めましたが、廃線ということになってきて本気になってやってましたね。一回でも活動に参加したという人は全校生徒になると思います。

鬼沢元生徒会長（知的障がい者施設支援員）―募金活動などで地域の人との関わりができ、廃線にならないようにという地域の人たちの気持ちが伝わってきて、自分が頑張らなければと思ってやっていました。兄（現在、銀行員）も生徒会長でかしてつ応援団をしていました。

松嶋元副会長（美容師）―全校生徒や地域の人たちの協力もあり、責任感もできてきて、一緒にできたことが自分の成長につながったと思います。「頑張れよ」と声をかけてくれました。かしてつ祭りには北海道からも応援に来てくれました。ＮＨＫのニュースやテレビ東京の番組にもでました。

質問）大変な活動になぜ参加しましたか。参加してどうでしたか。

原田さん―電車がなくなると、自分も人も共通に困ることだから、みんなと頑張れて大変とは思わなかったです。後輩たちのためにもなくしたくなかった。放課後遅くまで、休みの日もやりましたが、やらされたという感じはないんです。地域の人、他校の人、支援団体の人たちとの活動で仲が深まっていきました。

寺内さん―電車は使っていなかったが、楽しそうだったし、自分がその場で出来ることだったから。みんなとの一体感もあった。高校だけでは触れ合えない人たちと触れ合えた。活動している大人を見て、カッコいいなと思い、そういう大人になりたいと思いましたね。

鬼沢さん―活動していなければ、いろんな人との出会いがなかった。それ以降、色々な活動に協力できるようになりました。

松嶋さん―「かしてつを救え」イベントの時に劇をやりましたが、それから人前に出る抵抗感がなくなりました。今は美容師として誰ともコミュニケーションをとれるようになりました。

質問）地域の人との触れ合いから何が得られましたか。

原田さん―署名や募金をしていて、向こうからきてくれた経験は、今度、駅前などで他の人たちが活動している時に協力しようという気持ちになれるようになりました。自分もそういう大人になりたいなと思うようになったんです。

寺内さん―ブルーバンド（鉄道存続の大人の運動でブルーバンドを普及した）の活動を大人の人たちと一緒にして、大型スーパーでもバンドを置いてくれうれしかった。活動に協力できる大人はいいいと思った。

鬼沢さん―応援団に入っていなければ、署名活動など経験できない高校生活だったと思いますが、活動を通して活動している大人の人たちと知り合えました。
松嶋さん―私も駅前などの活動に関心を持つようになりました。
質問）今、地域の中で活動していることや、大切にしていきたいことを教えてください。
松嶋さん―仕事が朝7時から夜の10時半までで、地域の問題になかなか気づかないいんですが、地域への関心は失いたくないと思っています。
鬼沢さん―仕事が知的障がい者の福祉の仕事なので地域のことには関心があります。福祉の仕事は大変なのにお給料が安くてやめていく人が多いんです。国はなんとかして欲しいと思います。
池澤元会計係―子育てしていて、地域に子どもたちが集まれる場所をつくって欲しいと思います。時間がとれるようになったら、自分も活動したい。
寺内さん―水戸の仕事場まで車で40分かかるため今は地域活動をしていませんが、将来はやりたい。みんな仕事の時間が食い違っているので、なかなか集まれない。
原田さん―仕事が公務員で、災害派遣で宮城県東松山市に行き避難所で3ヵ月間食料などを届ける支援をしました。その後、個人的にもボランティアに行き、家の片付けなどをしました。これからも続けたいです。ローカル線がずたずたにやられていて、早く復旧して欲しいと思いました。

質問）小川高校がなくなることについて（2013年4月に中央高校に統合された）どう思いますか。

寺内さん―寂しい。卒業してからも弓道をしに行っているが、来年からは行けなくなってしまう。

原田さん―入学する前から統合の話はありました。今、3年生は2クラスで52名。

鬼沢さん―私の通った福祉の専門学校も廃止になってしまいました。学校がなくなることは残念です。

栗又顧問―小川町が合併したので、小川高校への支援がなくなってしまい、中央高校に合併することになってしまったのです。現在はかしてつバスが走っていますが、そのバス専用道路はかしてつの存続活動があったから県もお金を出してできました。高校生たちは今も「かしてつバス応援団」を続けています。石岡商業高校がその事務局をしています。

（2）地域活動によるシティズンシップの発達

シティズンシップ教育はイギリスで2002年からすべての中学・高校で実施されているのをはじめ、21世紀になり世界的に取り組まれています。シティズンとは、権利としての市民権の意味と、資質としての市民性の意味とがありますが、シティズンシップ教育は市民としての権利を自覚した市民性を育む教育といえます。

東京大学のシティズンシップ研究者の小玉重夫氏は『シティズンシップの教育思想』[7]で、アメリカのミネソタ大学ハンフリー公共政策研究所のハリー・ボイトの「奉仕活動としての教育にもとづくシティズンシップ」と「組織活動としての教育にもとづくシティズンシップ」という2つのシティズンシップ論を紹介しています。このボイトのシティズンシップ理論によって高校生たちのシティズンシップが発達したのかどうか、聞き取りから分析してみます。

ボイトによると、「奉仕活動としての教育[9]にもとづくシティズンシップ」の定義は「ボランティア」であり、辰野高校のゴミ回収や美瑛高校の地域美化活動はこれに当たると言えます。また、「組織活動としての教育にもとづくシティズンシップ」の定義は「パブリック・ワーク」（社会的な問題の解決めざして、多様な立場の人々と協働すること）であり、辰野高校の地域問題調査とまちづくりシンポジウム、小川高校の通学鉄道を守る活動はこれに当たると言えます。

①地域ボランティア活動によるシティズンシップの発達

ボイトは「奉仕活動を中心とするシティズンシップ論」は同質的な凝集性を高めることで悪に対抗する善の共同体という「二元論」的な対立図式を持ち込もうとするものであるとして批判的で、二元論ではなく「多様な利害と権力のダイナミックスの行使を伴う市民的行為の政治的次元」を顕在化する「組織活動としての教育」を重視しています[10]。

確かに、「奉仕活動としての教育」は「組織活動としての教育」より、シティズンシップ教育における政治性が弱いという弱点があります。しかし、生徒会長として全校ボランティア活動を始めた美瑛高校元生徒会長の吉川さんへの聞き取りからシティズンシップの発達が確認できました。

彼は多くの若者が町から出て行く中で、調理師の免許は持っているが町の中には仕事がなく、それでも地域に残り、ガソリンスタンドで働きながら、町の太鼓サークルの副会長として町のいくつものお祭りで演奏して町民に喜んでもらっていることを楽しみとしています。観光客に頼るのでなく、地域の内発的な活性化を望んでいて、高校の生徒会活動で体験的に学んだ「一人ひとりが主役になれる」町づくりをしていきたいと述べていました。

このように生徒会のリーダーが地域づくりのリーダーとして成長していったとともに、一般の生徒たちも地域ボランティアへの参加によって堂々と表通りを歩き町民とコミュニケーションをとれるように成長していきました。強制でない地域ボランティア活動によって高校生たちはシティズンシップを形成し、発達させていったことが分かります。

②パブリック・ワークによるシティズンシップの発達

一方、辰野高校生徒会の地域問題調査とまちづくりシンポジウム、小川高校生徒会の「かしてつ応援団」の活動は、学校のある地域の問題を解決し、また自分たちの通学の交通機関を守るという「パブリック・ワーク」であり、「組織活動としての教育」です。

ボイトは、ボランティアの動機は「利他主義」であり、目的は「問題解決」、その結果は「プロジェクト[11]、レポート」であるとして、パブリック・ワークの動機は「自己利益」であり、

辰野高校生徒会の地域活動

目的は「民主主義的権力と民主主義的生活様式の建設」、その結果は「文化変容、人間変容」であると分析しています[12]。

辰野高校生徒会の活動は学校のある地域を魅力的なものにしたい、小川高校生徒会の活動は、自分たちの通学鉄道を守りたいという「自己利益」が動機でした。その目的は快適なまちづくりであり、公共交通機関による通学を継続するということであり、「民主主義的生活様式の建設（存続）」といえます。

小川高校の生徒たちは長い活動の結果、鉄道は守れませんでしたが、代替バスの運行を実現させました。これはひとつの「民主主義的権力の建設」であり、「文化変容」ももたらしました。そして、活動に参加した中・高校生たちの「人間変容」をもたらしたことは聞き取り証言から分かりました。５人の元生徒会役員の若者たちが述べていたのは、初めは鉄道廃止について半信半疑だったが、存続が厳しいことが分かってくると「頑張るようになり」、町の人たちの応援や協力を受けて「本気で頑張れた」。活動を通じて、さまざまな活動をしている大人と「知り合い」、「触れ合い」、中には「かっこいいなと思い、そういう大人になりたいなと思った」生徒もいて、「誰ともコミュニケーションをとれるようになり」、「駅前などで活動している人に協力するようになり」、今は働いていてなかなか時間がとれないが「地域への関心があり」、「時間がとれたら活動したい」ということでした。このプロセスは辰野高校の生徒たちも同じです。

辰野高校生徒会と小川高校生徒会の活動は、地域問題の解決、鉄道の存続という「公的問題解決」のために、辰野高校は商工会との協同、かしてつ応援団は存続運動の他団体との協同という「連合体の創造」をはかり、「公共的課題に関して、他者と一緒に働く際に必要となる、技能《スキル》・習慣・態度・価値を」、地域づくりと存続運動という「プロジェクトを通して学習」し、「公共的価値を有する物事の共同創造者」というシティズンシップを獲得していくという、ボイトの主張している「パブリック・ワーク」であったことが分析できます。

以上のように、地域づくり参加は若者のシティズンシップを発達させる効果があると言えます。

【注】

1　信濃毎日新聞２０１５年２月16日付記事

2　宮下与兵衛・栗又衛・波岡知朗『地域を変える高校生たち―市民とのフォーラムからボランティア、まちづくりへ』かもがわ出版、２０１４年

3　阿部真大『地方にこもる若者たち―都会と田舎の間に出現した新しい社会』朝日新聞出版、2013年
4　佐藤学・勝野正章『安倍政権で教育はどう変わるか』岩波ブックレットNo.874、2013年、47頁
5　三者協議会については、宮下与兵衛『学校を変える生徒たち―三者協議会が根づく長野県辰野高校』かもがわ出版、2004年、を参照。
6　ジョン・デューイ『公衆とその諸問題』ハーベスト社、植木豊訳、2010年、206-207頁
7　小玉重夫『シティズンシップの教育思想』白澤社、2003年
8　小玉重夫『シティズンシップの教育思想』167-169頁
9　アメリカでは生徒がコミュニティで活動して公民学習していく教育方法を「サービス・ラーニング」と言う。これは1990年の「国家およびコミュニティ・サービスを促進するための法」成立以後に全国展開した。
10　小玉重夫『シティズンシップの教育思想』169頁
11　生徒による問題の発見、問題の分析、問題の解決という一連の学習プロセス
12　Harry C. Boyte (2004)"Everyday politics: Reconnecting Citizens and Public Life"University of Pennsylvania Press'pp108

第５章

性教育・人権教育・平和国際教育・労働者教育
――定時制高校における主権者教育

「子どもの貧困」が大きな社会問題になっていますが、高校の中で最も貧困家庭の子どもが多いのが定時制と通信制高校です。貧困には経済的、文化的、社会的な側面があります。そのため貧困家庭の子どもの学習権保障のためには、経済的な支援だけでは十分ではありません。貧困家庭の高校生の中途退学が多いのは、その原因には経済的な問題ばかりでなく、貧困による基礎的学力や学ぶ意欲の欠如、また基本的生活習慣の欠如という文化的な問題があり、それは「生きる力」の欠如でもあるからです。つまり、貧困は人格形成期の子どもたちの「健康で文化的な生活」（憲法25条）を奪い、「教育を受ける権利」（同26条）を奪っているのです。

こうした生徒たちには教育実践を通じて学校をやめずに学び続ける力、生きる力をつけることが学習権保障に結びついていくことになります。この「生きる力」をつける教育は、生きる権利を獲得していく主権者教育です。その教育ために定時制高校ではさまざまな取り組みをしています。私の勤務していた長野県赤穂高校では、基礎学力の補充、毎年全学年で、1学期に人権教育とタバコ・薬物の害についての教育、2学期に性教育とキャリア教育、平和・国際教育を行っています。また、4年生には進路教育、労働者教育、消費者教育を行っています。ここでは、3人のケースを通じてこれらの取り組みを報告します。

1 貧困による少年犯罪と人のつながり

私のクラスにいたブラジル人のR君は、リーマンショック後の不況で一家全員がリストラされました。R君は退学して仕事のある愛知県に移り土木作業をしましたが、どうしても定時制に戻りたいと帰ってきて復学しました。しばらくして、R君のサッカー仲間のブラジル人の5人の少年たちがコンビニ強盗をしてしまったのです。地域には6千人のブラジル人が住んでいましたが仕事がなくなり半数以上が帰国しました。しかし、帰国する費用もなく残っている家族は悲惨で、この少年たちは幾日も食べることができず、生きるための犯罪でした。R君に犯罪に加わらなくてよかったと言うと、「クラスの仲間を裏切れないよ」と言いました。その5人は高校に通っておらず、地域の中で孤立していました。

この子どもたちの犯罪を倫理的にはどう考えたらいいのでしょうか。アメリカのハーバード大学附属道徳教育センター所長を務め、デューイとピアジェの道徳判断の発達研究を発展させたコールバーグの道徳判断の発達の六段階理論[1]はよく知られています。その理論によると、「盗むべきではない。盗めば泥棒になり、捉えられて罰せられる。」という判断は道徳判断の第一段階であり、最高段階の第六段階では生きるために盗むことは認められます。それは「人間の生命は神聖であり、財産権やどのような法律的価値にも優先するから」です。

私たち教師は生きるために万引きせざるを得なかった子どもを前に何と言えばいいのでしょうか。「規則・法律」が「正義」であると言い得るためには、貧困のために食事もできないという子どもたちは社会にいないということが前提となるのではないでしょうか。現在の貧困と格差の社会では、コールバーグの言うように生命という個人の尊厳を守ることこそ「正義」であるということになるのではないでしょうか。

芥川龍之介の『羅生門』は高校の国語教材で、リストラされた下人が生きるために強盗になる決意をしていく心理について考えさせる教材です。しかし、現実の授業で「生きるためには強盗になることはやむを得ない」とは言えないのです。私は『羅生門』の授業で、R君の言った「クラスの仲間を裏切れないから、そんなことはできない」という言葉を紹介しました。R君には強盗事件を起こしてしまったサッカー仲間だけでなく、定時制のクラスの仲間たちがいました。彼が愛知県からどうしても戻りたかったのはクラスの仲間たちがいたからです。学校に行っていないサッカー仲間たちには、そうした日本人の仲間はいず、地域の中で孤立してしまっていました。秋葉原事件も人とのつながりが失われ孤立した時に犯罪に走ってしまった事件でした。

また、コールバーグは、学校内で続く盗難事件について、盗みを処罰する規則づくりでは解決できなかったが、思いやりと信頼の学校（コミュニティ）づくりによって解決できたと報告しています[2]。R君も思いやりと信頼の仲間がいたからこそ強盗にはならなかったと考えます。そうした仲間づくり、クラス・学校づくり、地域づくりが求められています。

毎年5月には人権学習を実施していますが、その年は東日本大震災の学習をしました。学習会のあと生徒会は被災した高校への義捐金を全校生徒に呼びかけて集め、また全校生徒一人ひとりに花びらの形の色紙に応援メッセージを書いてもらい、それを花模様にデザインして福島県立原町高校に送りました。

2 家庭が原因の暴力的傾向と性教育

定時制の私のクラスに入学してきたT君は、学力が低く、中学時代には担任に反抗を続けた「問題児」で、全日制高校を2校落ちて定時制に来ました。地域の進学校から国立大学に進んだという父親から「頭の悪いおまえなんか俺の子どもではない」「定時制なんか高校ではない」と言われ続けてきたといいます。

リーマンショック後、その父親は不況で出勤日が削減され、母親も工場をリストラされ、子ども3人と家のローンを抱えて生活は一挙に苦しくなりました。T君はコンビニでアルバイトをしていますが短時間しか仕事はありません。彼はいつもイライラしていて暴力的で、授業に集中できないのです。自尊感情が低く、「俺はバカなんだから勉強なんかできるわけがネェ」が口癖でした。

学校では「人生発見講座」という性教育を毎年行っていて、生命の誕生から出産、子育てまで学年別に学習しています。担任は、市の保健師・助産師・栄養士とともに半年かけて準備していきます。生徒が性的な犠牲者になるケースや、親になっても十分な子育てができないケースがあるからです。その一環である「赤ちゃんの抱っこ体験」で、T君は「俺は赤ん坊が嫌いだから」と初めは拒否しました。彼自身父親から抱かれたという愛情体験がないからだと分かりました。彼が恐る恐る抱っこしたのは、仲間たちの「やってみろよ」という言葉によってでした。感想文には「初めて赤ちゃんをだいてみてちょっとこわかったけどよかった」と書いていました。性教育やクラスの友人たちとの交流で、T君は他人に暴力を振るうことがなくなり、次第に笑顔が増えてきました。自分で暴力を抑えられるようになったのは大きな成長でした。

3 外国人差別と国際教育

地域には外国人労働者が多く住むようになり共生の時代になっています。そして、定時制高校には外国籍の生徒が特に多いのですが、偏見から外国（人）嫌いの日本人の生徒もいます。T君もその一人で、入学した時から「俺は外国人が嫌いだ」と言っていました。不況でリストラされた外国人による犯罪が何件か発生し、地域でも外国人への不信感が広がっていました。

そんなとき、係の私は人権・平和教育で高校にイラク人の元教師、フダ・ファンニさんを招き、全校生徒で話を聞きました。フダさんはイラクの平和時の生活を紹介し、その生活がイラク戦争によってどう変化してしまったのかを中心に話してくれました。生徒たちの感想文には、「イラクと聞いて、最初に想像したことは戦争とか危険な国というイメージでした。しかし、イラク人は自分のわずかな食べ物も他人に分けてくれるという話がとても印象に残りました」というものが多くありました。

講演の後、全校生徒でイラクの米軍の劣化ウラン弾が原因と言われる白血病の子どもたちに絵手紙を書き、千羽鶴とともに届けてもらいました。講演前にクラスで千羽鶴を折っていた時、T君は教室に張られたイラクの父子の写真に画鋲を刺していたのです。父子が仲良くしている写真の白血病の子どもの目の上に。私はそのことを他の生徒から聞いていましたが画鋲をあえて取らずにいました。講演会の後に「T君が画鋲を抜いていた」とクラスの生徒から聞きました。またT君は、母親がフィリピン人のY君のことを「チキン（弱虫）」と呼んでいて、私が注意しても止めませんでしたが、講演会の後では呼ばなくなっていました。ブラジル人のR君が愛知に行く時には送別会で涙を流していました。世界は宗教や民族、貧困などの構造的暴力などが原因で紛争が絶えません。学び知ること、そしてコミュニケーションによって互いに理解し合うことはできるのです。

4 生きる力を育てる基礎学力と労働者教育、有権者教育

貧困は連鎖します。生活保護を受けていた家庭では、子どもの4割が成人後に生活保護を受けている（厚生労働省資料）といいます。そのため定時制では生徒たちが貧困の連鎖を断ち、貧困にうち勝って生きていく力をつけることが求められます。

そのためにはまず基礎学力をつけることです。中学まで不登校だった生徒が多く、特に数学の「割合」ができません。利息などの割合計算ができない卒業生たちが悪徳商法や違法金融の犠牲者になるケースも多いのです。

消費者教育、労働者教育、そして有権者教育が大切です。定時制を卒業して正規就職することはなかなか困難です。非正規雇用でも有給休暇がとれることなどの権利を生徒と一緒に学習していきます。

「現代社会」担当の教師は授業で、国政選挙前に模擬選挙を実施しています。模擬選挙は選挙に関心の低い若者への有権者教育として学校教育でも広がっています。投票前の各政党のマニフェスト学習では、消費税と普天間基地を中心テーマにしました。父親が経営するコンビニで働いている4年生のH君は、模擬選挙を取材した地元紙の記者に、

「消費税値上げに賛成の議員には投票しなかった。僕の父親は仕事帰りに弁当を買いに店に寄る派遣労働者たちに『お帰り』と声をかけています。その人たちはカップ酒しか買わない時もあります。当選した議員は、お弁当も切り詰めて生活している人たちがいることを忘れないでほしい」と答えていました。政治を生活感覚から考えているのです。H君は中学でのいじめから定時制高校に来て立ち直った体験を発表し、生活体験発表会で県代表になり全国大会に出場しました。

定時制高校で学ぶ生徒たちは全国に11万6千人いますが、現在全国的に定時制の統廃合がすすめられています。地域から定時制がなくなれば、セーフティ・ネットとしての彼らの学ぶ場はなくなるのです。

【注】

1　ローレンス・コールバーグ『道徳性の発達と道徳教育』岩佐信道訳、麗澤大学出版会、1987年、171-178頁

2　同前書、154-157頁

コラム③

韓国の子どもたちの主権者教育

韓国では1980年代から、貧困層の子どもを対象に放課後の保育・学習支援を行う「コンブバン（勉強部屋）」を地域住民がつくってきていましたが、2004年に国民の要求で「児童福祉法」に基づき、保護・支援を必要とする18歳未満の子どもを対象に、無料で夕食の提供・生活相談・学習支援を行う「地域児童センター」が制度化され、全額国庫補助によって全国4千カ所で約11万人の子どもを受け入れ、活動しています。

その地域児童センターの中で、子どもたちは自治（「子ども自治会」）を体験しています。ソウルの東大門近くの家内制縫製業地域にある「ヘソン地域児童センター」では、子どもたちが毎週月曜日に「子ども自治会」をもって計画を立て、火曜は「読書セミナー」、水曜は「遠足・地域活動」、木曜は「音楽活動」、金曜は「週の振り返り」と「宿題と復習」、土曜は「クラブ活動」を行っています。

私は新学期の始まった2015年3月に、その「子ども自治会」を見学しました。近所に空き地があり、そこを遊び場にしようというプロジェクトの話し合いでした。小学生たちはその日までに、ソウル市内6カ所の遊園地を見て歩いていて、各遊園地の良い

コラム③

点を、写真を使って報告していきました。そして、子どもの見事な司会のもと、どんな遊び場にしたいか話し合いまとめていきました。最後に、女性所長のキムさんが「企画ができたら、みなさんで区長さんに空き地を貸してください、そして次に市長さんに遊び場をつくってくださいとお願いに行きましょう」と話していました。

別の児童センターでは、附属施設「楽しい家」の建設で、中・高校生たちが音楽練習室や隠れ部屋まで設計し、大人とともに建築に加わりました。さらに、ここでも地域の中で自分たちの要求（地域に「遊び場が欲しい」など）をプラカードに書いてアピールしてデモをしたり、また、教育監（教育長）選挙の時には、「投票に行きましょう」と街頭で大人に呼びかけるなどの社会参加活動をしています。こうした活動を通じて、地域の中で主権者として育つ主権者教育を実現しているのです。

子ども自治会の小学生たち

第６章 憲法教育・平和教育による主権者教育

1 今こそ憲法教育を——20歳代への世論調査結果から

集団的自衛権を中心とする安保関連法案が２０１５年９月の国会で国民の６割の反対、８割の決定反対の世論、そしてほとんどの憲法学者、最高裁判所の元裁判官たちの反対を押し切って可決されました。

安保関連法成立直後の10月の朝日新聞の世論調査では、この「安倍内閣を支持する」が他世代はすべて30％台でしたが、20歳代のみ62％（「支持しない」は18％）、「安保関連法に賛成」も他世代がすべて30％台前半（「反対」は全体で49％）でしたが、20歳代は61％（「反対」は23％）となっていました。

国民の多くが、そしてＳＥＡＬＤｓの若者たちが政権の強引なすすめ方に対して、「民主主義」と「立憲主義」を訴えました。しかし、この20歳代の世論結果からは憲法をどう理解しているのか、憲法を学んできたのか疑わしくなってしまいます。特に憲法は、個人の権利・自由を確保するために、政府などの国家権力を制限するためのものという立憲主義の学習が不足していると思います。

現政権は憲法の明文改憲を推進していくと述べています。国会で成立すれば、国民投票になります。今こそ主権者教育にとって、憲法教育、平和教育は大きな課題です。

2 長野県の高校における憲法教育・平和教育

長野県の高校では、「核戦争３分前」と世界の科学者が警告していた１９８０年代前半に、長野高教組の提起によりすべての公立高校で校長を含む全教職員による「学校平和宣言」があげられました。その取り組み以降、校務分掌に平和教育の係や委員会が位置づけられ、広島・長崎・沖縄への平和修学旅行が取り組まれてきました。県教育文化会議の調査では、７割もの高校が沖縄、広島、長崎で平和修学旅行をしています。

また、ほとんどの高校で教育課程に５月の憲法学習と12月の平和学習とが位置づけられています。

総務省の研究会報告では、今まで学校教育で現実の政治問題を取り扱うことが弱かったと指摘していますが、実際に戦争が行われていた時にはどうだったのか、イラク戦争当時に長野県内の高校で平和学習、憲法学習がどのような内容で行われたのか県教育文化会議の調査結果から見てみます。

2003年12月の平和学習では、「イラク戦争と自衛隊派遣」（14校）、「イラク戦争の実態―劣化ウラン弾・クラスター爆弾」（2校）、「12・8と太平洋戦争」（14校）などのテーマが多くありました。「12・8と太平洋戦争」のテーマを扱ったところでは、イラク戦争についても触れている学校が多くありました。また、元米海兵隊員アレン・ネルソン氏の講演会も多くの高校で実施しています。

2004年5月の憲法学習では、「憲法前文と第9条」「自衛隊のイラク派兵と平和憲法」「憲法と日の丸・君が代の強制、処分」「憲法改正問題」「靖国神社参拝問題と憲法」などのテーマが多く、「ベアテ・シロタ・ゴードンさんの講演から学ぶ」「松代大本営について」「自己責任論と憲法」「平和・国際貢献について考える」「日本国憲法とコスタリカ憲法」などのテーマも扱われていました。多くの学校がロング・ホームルームをつかいプリントなどで学習していますが、映画『日本の黒い夏』の鑑賞や、国際ジャーナリストの安田純平さんの講演なども実施されました。

安田さんの講演は、安田さんが信濃毎日新聞の元記者だったこともあり、その後、他校の平和学習や文化祭でも講演が企画されましたが、憲法学習で実施したある高校では講演をめぐって職員会議での議論が行われました。「安田さんからイラクの実態を聞く」という提案に対して、2004年4月にイラクで武装勢力に3日間拘束されていたことについて、「自己責任論が問われている渦中の人の講演はよくない」「世論も賛否に割れているから問題だ」「保護者や世間から批判される可能性がある」などの反対意見が出され、職員会議で2時間もの論議の末に実施することが決定されたということでした。

この高校のように論議することが大切ですが、社会的・政治的に問題になっていることは扱わない方がいいという傾向が全国的にあります。それで公民科の現代社会などの授業で、アフガニスタン戦争、イラク戦争など戦争が続いているのに、「なぜ、授業で戦争について触れないの？」と感じていた高校生が多いのです。教師には、「時間が経って、そのことについての評価が定まるまで扱えない」「戦争について考えさせるには国際法で考えさせないといけないが、大学で国際法を学んだわけでなく自信がない」「偏向教育と批判されるかも知れない」などの不安があるといいます。しかし、生徒たちの疑問、関心に応えていくのが授業です。そうした不安は、授業では正解をださないといけないという考えからくるのでしょう。生徒たちが現在起きている戦争について調べる、発表する、討論する、そうした授業で生徒たちがそれぞれの考えをもつことが大切です。教師が正解をだす必要はないのです。

3 辰野高校における憲法学習・平和学習

辰野高校では、1983年12月8日に「辰野高校学校平和宣言」を、校長を含む全教職員で決議しました。その後、平和教育を教育課程に位置づけて、平和・人権教育係と委員会を設置しました。この係・委員会が中心になり平和修学旅行や憲法・人権・平和学習を推進してきています。修学旅行は広島や長崎での学習から、飛行機利用が許可になってからは沖縄での沖縄戦と米軍基地の学習を続けてきました。また学校の生徒玄関には、憲法・教育基本法施行50周年の1997年に220人の生徒が彫った巨大な憲法前文の篆刻《てんこく》作品が正面に、右壁にゲルニカの4分の3の大きさの模写作品、左壁には学校憲法宣言と、いずれも生徒たちが憲法や平和について表現した作品が掲げられています。

5月3日前後に行う憲法学習、10月に行う人権学習、12月8日前後に行う平和学習という特設学習を年間行事計画に組み込んで現在まで毎年実施してきました。時間はロング・ホームルームの1時間をつかい、全校一斉に実施しています。この学習指導案をつくるのも平和・人権教育係で、職員会に提案し、まず教職員が学習してから、全クラスで実施しています。

12月の平和学習は、私が平和・人権教育係になり担当した時の内容は次のようなものでした。

２０００年度には、地域の出身者（戦艦大和最後の艦長・有賀幸作、「琵琶湖周航の歌」作詞者で科学者として研究していたが徴兵によりノイローゼになって自殺した小口太郎、反戦運動を夫婦で続け二人とも獄死した有賀勝）とアジア・太平洋戦争についての全校放送学習。

２００1年度には、全校放送による「9・11テロと報復戦争を国際法で考える」。

２００2年度には、全校放送による「イラク戦争と世界の反戦の声、日本の有事法制・改憲の動きを考える」。

２００3年度には、元米海兵隊員アレン・ネルソン氏の全校平和講演会。

２００4年度には、全校プリント学習を、「国際法違反のイラク戦争と自衛隊派遣、改憲の動きを考える」というテーマで実施しました。

これらの学習のあとはクラスで討論をするか、全員で意見文を書くか、各クラスどちらかをしてきました。特設教育では時間の制限があるので、社会科の授業で補足してもらい、できれば討論をすることが望ましいと考えてきました。

①9・11テロと報復戦争を国際法で考える

2001年には、9・11のテロとその後の報復戦争という事態の中で、生徒たちが武力による解決を是認するようなマスコミの報道に影響を受けていることを知り、平和学習のテーマにしました。全校放送で、なぜテロが起きるのか、どのような理由があってもテロという暴力に訴えることは絶対に許されないこと、国連総会でのアナン事務総長の演説(「テロ反対のたたかいは国連がやっていく」こと、「アフガニスタンの難民を救う」こと、「暴力の道を拒否して平和的に解決できることを、私たちの行動で証明しよう」との呼びかけ)、国際法と「法による解決」について、アメリカによる空爆の実態、アメリカ国内で戦争反対を主張した女子高校生のこと、イスラエルの62人の高校生たちが国のパレスチナ攻撃に対し軍隊に入る義務を拒否したこと、日本の危険な動き、ユニセフの呼びかけ、という内容の資料を配布して行いました。この学習のあと全校生徒に意見文を書いてもらいましたが、圧倒的に「テロも報復戦争にも反対」というものでした。

この平和学習の後、生徒会執行部は話し合いをもち、ユニセフと連絡をとり募金活動を始めました。寒い冬の生徒玄関でのアフガニスタンの子どもたちへの募金活動は1週間続き、約4万円の募金とピース・メッセージを集めました。

意見文には、ある生徒は「報復は仕方ないことだと思っていた。私だって自分の大切な誰かが罪もないのに殺されてしまったら仕返しに行きたいと思う」、しかし学習して、「歌手のマドンナも言っている『暴力は新たな暴力を生み出すだけ』というのは正しいと思う。テロと戦争という報復の争いは終わりがない」として、「日本は自衛隊を出したが良かっただろうか。第二次世界大戦で多くの被害と犠牲者を出したことをもう忘れてしまったのだろうか。これから先、憲法が改正されて平和憲法がなくなってしまったらどうなってしまうだろう。世界平和を願う。」（3年女子）と結んでいました。

②元海兵隊員アレン・ネルソン講演会

長野県の高校では大阪に次いで故ネルソンさんの平和講演を計画し、延べ70校が実施しました。ネルソンさんは「長野県ではないですが、私を平和学習に呼んでくれた学校で、遅刻した生徒の頭を先生がたたくことがあり残念でした」と話してくれ、ネルソンさんの人権感覚に感心し、私は親しくしていました。辰野高校での2回目の講演のあと、会場で英語で質問した生徒が7人もいたことは予想しないことでした。講演後、全校生徒に「ネルソンさんへの手紙」を和文か英文で書いてもらい、ネルソンさんに届けました。

「ネルソンさん、お話ありがとうございました。アメリカ海兵隊に入隊し、沖縄の基地で訓練を受け、ベトナム戦争に従軍したことと、敵を撃つときは心臓ではなく、苦しんで死ぬようお腹を狙えと教えられることなどとても印象に残りました。それは、アメリカ政府も戦前の日本政府も兵士を『平和を維持する兵士』と呼びながら、平和を維持することについては何も教えられないで、殺すことだけを教えられるということがわかったからです。ネルソンさんに、今まで平和憲法に守られてきた私たちが、これからは憲法を守っていく番だと言われたことを忘れないようにします。」(2年男子)

ネルソンさんと生徒たち

③ 憲法学習

辰野高校の憲法学習では、私たちが編集してつくったテキスト『わたしたちの日本国憲法』（平和文化）を各クラスで読み合わせした後に話し合うか、内容に関連する新聞記事などの補助資料を配付して意見文を書いてもらっています。

毎年、憲法学習はこのテキストを使用して、1年生は第1章の「学校に憲法と子どもの権利条約を」、2年生は第2・3章の「わたしたちのくらしと憲法」「憲法は押しつけられたものか」、3年生は第4・5章の「改憲への動きとどう向き合うか」「平和憲法─21世紀の羅針盤に」という内容で系統的に学習しています。これは、公民科での学習がどうしても知識重視になるので、特設学習では実生活から憲法を考えていこうという目的があります。学校や職場、社会で実際に憲法が生かされていること、そしてまだ実現されていないことも考えさせないと、子どもたちに憲法の大切さを実感させられません。「子どもの権利条約」についても同じことが言えます。残念ながら「子どもの権利条約」をきちんと生徒たちに学習させている学校は全国的に少ないのが現実です。

補助資料はその時々のできるだけ話題になったことの新聞記事を使用しています。配慮していることは、憲法改正など意見の分かれている問題については賛成・反対の双方の意見を資料として提示して、生徒に考えさせていることです。これは、平和教育に対する攻撃を招かないためばかりでなく、教員からの一方的な教え込みは間違っているからです。

④ 首相に請願した女子高校生から学ぶ

2004年の憲法学習では、2004年2月に宮崎県の女子高校生が首相あてに平和請願書を提出したことを中心に学習しました。彼女は「自衛隊派遣ではなく、平和的手段によるイラク復興支援を」という内容の請願書と自分で集めた5千名余の署名を内閣府に提出しました。請願権は国民すべてにあり、主権者である子どもにも憲法で保障された権利です。

この高校生の行動に対して小泉首相は「自衛隊の平和貢献を学校で教えるべきだ」と述べ、河村文科大臣も「法的根拠もあるのだから、事実にもとづいて教えていただくことが大事だ」と発言しました。このことを報じた記事とともに、イラクでの人質事件の「自己責任論」の是非を報じた記事、首相の靖国参拝に違憲判決という記事、東京都の卒業式・入学式での教職員の処分を報じた記事を資料として学年別に使用しました。女子高校生の請願行動の記事はすべての学年で使用しましたが、この記事についての意見文が一番多く、この高校生の行動に対して、「やってもしょうがない」「やるべきでない」という意見は一人もなく、首相の態度に対する批判が多くありました。

「主権者は国民。それが今きちんと成り立っているのかさえ疑問に思えてくる。首相の発言は政治をしている人にしか現状はわからないと言っているように聞こえる。それは一般人を見下しているように感じられる。また教育現場の入学式などに政治を押し付けてしまったら、それこそ憲法違反ではないかと思う。」（２年女子）

「戦争によって他の国を自分の国の言いなりにするというのは間違っている。日本もアメリカの言いなりになっていてはいけないと思うし、沖縄にあるたくさんの米軍基地を撤去し、これから先は本当の第９条にしていって欲しいと思う。」（３年女子）

4　憲法・子どもの権利条約による学校づくりで主権者・市民を育てる

日本の若者は社会的関心や主権者意識が低く、世界の若者たちと比較してイラク戦争反対などの平和行動への参加も極めて少ない状況が続いてきました。この原因については雑誌『教育』２００５年1月号で、法政大学の平塚眞樹氏が「社会には満足していないが、社会は変わらないと思う。自分で変えようとも思わない」という多くの大学生たちの意識状況を分析していて、さらに佐貫浩氏が憲法学習は知識の習得とともに「生活の方法として憲法的原理の価値を発見し実感するなかで、将来の生活においても、主権者として憲法的権利を行使し、民主主義の担い手として働いていくような価値意識と力量を獲得していく」ようにしなければならないと述べています。

２００４年に実施された全国高校生憲法意識調査の中で高校生の主権者意識について調べた項は、「18歳選挙権」についてでした。「18歳選挙権について」の質問に、辰野高校の生徒は「賛成」47・5％（全国平均は22・7％）、「反対」13・9％（全国21・4％）、「どちらともいえない」34・7％（全国39・1％）、「わからない」3・9％（全国16・8％）という結果でした。

辰野高校で実施している生徒の学校運営への参加、地域づくりへの参加を通じて「生活の方法として憲法的原理の価値を発見し実感」してきていて、生徒たちの主権者意識は向上していると考えられます。

第７章　高校生の政治・行政への参加
―知事、教育長との討論集会

1　フランスの高校生の行政への参加

第一章で紹介しましたが、フランスなどでは国が子どもたちの学校運営に参加することとともに、行政に参加することも保障しています。

次ページの図のように、生徒代表は年３回以上開催される「高校生活のための大学区委員会」、さらに「中央委員会」に参加して意見・提言し、そして全国代表の３名の高校生が中央教育審議会に参加して国の教育についての計画の議論に参加しています。また、政府の政策に対して反対の場合は全国各地で開かれるデモや高校生集会での要求をまとめ、代表の高校生が文部大臣に会い、要求書を提出して回答してもらいます。

子どもの権利条約で子どもの「結社・集会の自由」が保障されていますが、フランスは高校生団体として、「高校生全国同盟」（1994年創設）や「生徒代表と高校生活の協会」（2008年創立）、「高校生一般組合」などがあり、「高校生全国同盟」は「ヨーロッパ生徒連合組織」（イタリアの「生徒同盟」、オーストリアの「批判的に活動する生徒の会」など22カ国27団体が加盟）に加入しています。中央教育審議会の高校生代表は「高校生全国同盟」などのメンバーが多いようです[2]。日

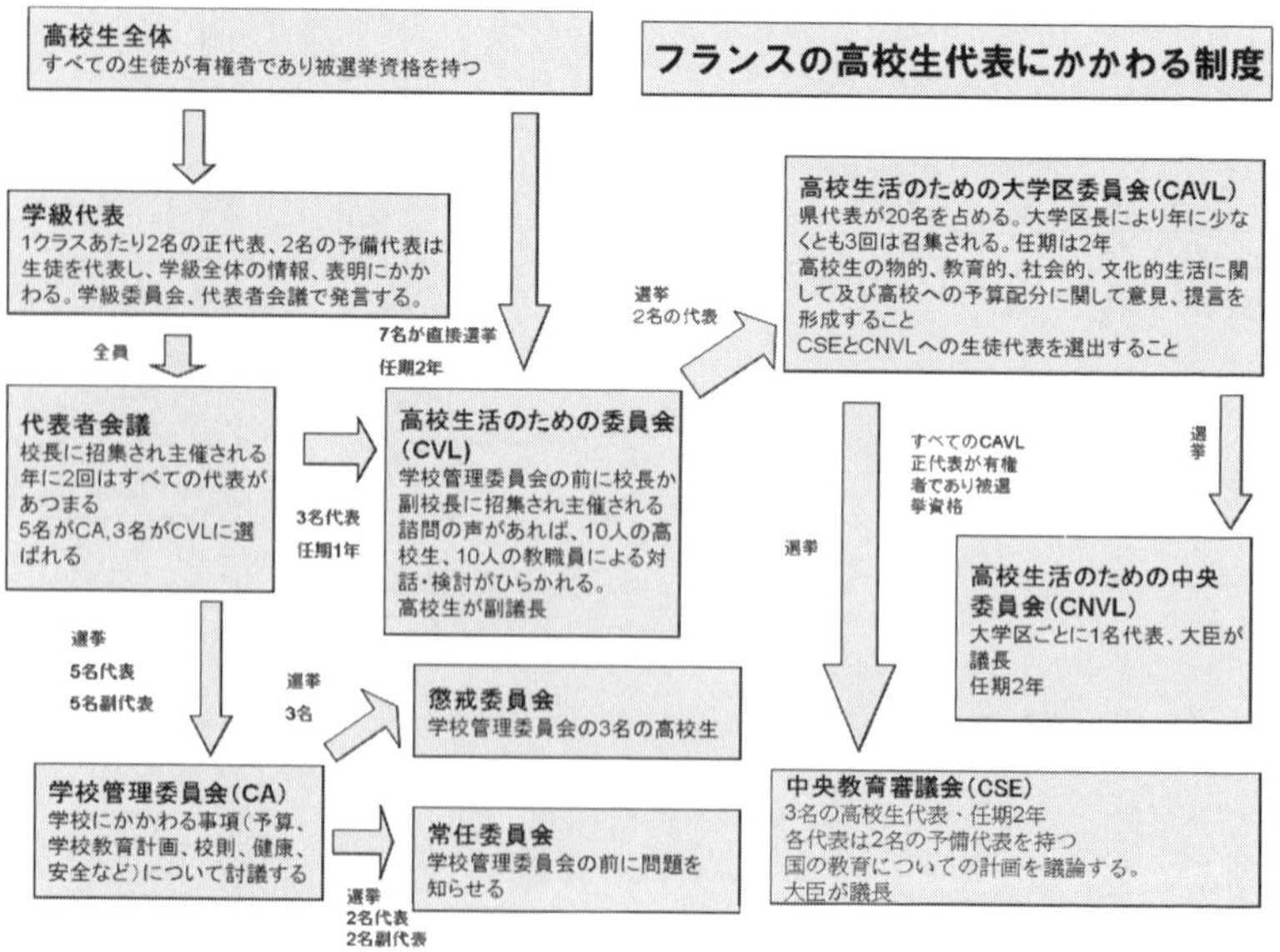

大津尚志「フランスにおける生徒・父母参加の制度と実態—市民性教育にも焦点をあてて」より[1]

本の自治体でも子ども議会を実施しているところはありますが、模擬議会中心であり、正式な行政参加のためのものではありません。日本の中教審に高校生代表が参加できる日はいつくるのでしょう。

長野県にも高校生の行政参加システムはありませんが、高校生たちが自主的に行政参加の取りくみをしてきています。その代表例を2例紹介します。

2　田中康夫県知事と高校生の討論集会

(1) 長野県の高校生の自主活動

長野県の高校生の全県的な自主活動には、生徒と教職員の討論集会である「仲間の声」集会、部落問題を中心に差別問題について研究・討論する「高校生部落問題研究集会」、キャンプをしながら討論し、友情と連帯を深める「高校生サマーキャンプ」などがあり、続いていました。

1983年に私が顧問になり高校生平和ゼミナールが発足し、その後、県内各地にできていきました。高校生平和ゼミナールは1978年に広島から始まり、全国高校生平和集会を広島と長崎で交互に毎年開催し、また沖縄でも過去5回開催してきました。長野県の平和ゼミナールは地域の戦争調査を続け、拙編著『高校生が追う戦争の真相』や平和ゼミナール編『高校生が追う陸軍登戸研究所』（ともに教育史料出版会）にその成果がまとめられています。

長野県高校生平和ゼミナールは、1994年に松代大本営跡のある長野市松代で「ピース・イン・マツシロ―全国高校生平和集会」を開催し、また「憲法記念・県高校生集会」を毎年5月5日に続けました。

(2) 討論集会の事前学習会

2001年の「憲法記念・県高校生集会」を準備していた生徒たちは、田中康夫県知事（作家）が発言している「高校の通学区制を廃止する」や「子ども未来センター建設は白紙に戻す」などについて知事と討論したいということになり知事に申し入れ、実現しました。

生徒たちは事前に地方局テレビの若手コメンテーターで活躍している信濃毎日新聞の編集委員を講師にして「高校生が学ぶ県政」という学習会を開きました。

知事との討論集会は知事の都合で2001年5月27日に開催しました。

（3）討論集会—教育条件整備・30人学級について

集会では、初めに高校生の司会者が、事前に全県の高校の生徒会に県知事への要求についてアンケートをとった中で、多かった要望について発表しました。そして、一番要望が多かった各高校の施設・設備やJRの増便などの要望について、参加した高校生から発言していきました。また、「ヨーロッパでは30人以下、アメリカでは18人学級と聞いています。日本では分数のできない大学生が問題になっていますが、知事は30人学級を実現してください。」「教師になる道が狭くて厳しい。教員の採用を増やしてください。」といった発言もありました。

知事は、「長野県の教育施設は劣悪だと感じている」と述べ、30人学級については、愛知県の犬山市が実施した例をあげ、「必要と思うが、人数

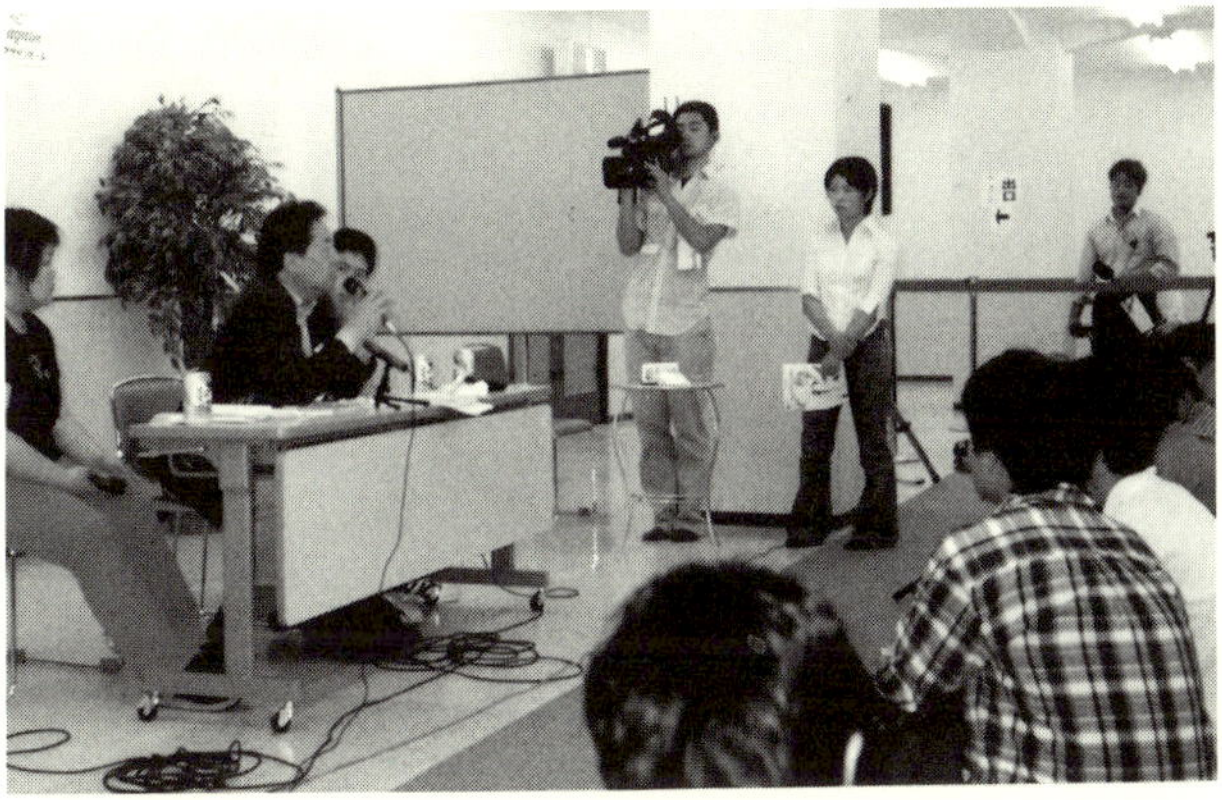

田中康夫知事と高校生の討論

を少なくするだけでは教育問題は解決しない」とし、「教員採用では青年海外協力隊の経験などは尊重している」などと述べました。

(4) 討論集会―通学区制について

田中知事は「誰でも行きたい高校に行けるようにするために通学区は廃止したい」と述べました。これに対して、生徒たちは「通学区を廃止すると、私が通っているような不便なところにある学校は生徒が減ってしまい廃止にならないか心配です。競争が激しくなり、高校受験もさらに大変になります。都市部の人気のある高校に集中し、その地域に住んでいる生徒が逆に遠くに通学せざるを得なくなり、通学費も大変になります。」「通学区がなくなると、地域高校が特色を出そうと努力しても、生徒が集まらず廃校になる心配があります。」などの意見が続きました。

知事は「自由に高校を選ぶ権利を保障するために通学区はなくした方がいいと考えている。学校には校長が自由に使えるお金を100万円くらい準備して、各校の特色づくりをすすめていくのとセットにして通学区の自由化をすすめたい。」と述べました。

これに対して、「学校に特色をもたせて競わせ、生徒に選択させるのは、会社のやり方と同じです。うまくいく学校とうまくいかない学校、地域的に不利な学校がでます。」

と反論が出ました。知事は「進学率や偏差値などで判断するのでなく、例えば林業高校に森林について学ぶ東南アジアの留学生を受け入れるなど考えていきたい。」と答えました。

（5）討論集会―「子ども未来センター」について

「子ども未来センター」というのは、伊那谷の貴重な平地林の木を千本切り、64億円かけた施設をつくるという前知事の計画を田中知事が見直しているものです。

建設予定地の地元の農業高校の女子生徒は、「全校生徒にアンケートをとりましたが、木を切らないで欲しい人が82％で、未来センターは必要という人は13％しかいませんでした。緑豊かな自然公園がいいという人が82％でした。この問題について、子どもたちの意見がまったく聞かれていません。現在、拡大検討委員が公募されていますが、その資格も18歳以上です。子どもの施設についての委員会に子どもの代表を入れてください。」と要求しました。

知事は「子ども未来センターは公共事業のムダの典型例だ。検討委員会で抜本的な見直しをすすめており、みなさんの声も聴いていきたい。年齢制限は知らなかった。」と答えました。高校生の司会者が「それでは、子どもの代表を入れるのですね」と追及すると、「条件は変更できない。検討委員が子どもの声を聴く場は必ずつくる」との回答を得ました。

(6)討論集会―奉仕活動の義務化などについて

「田中知事は神戸でボランティア活動されたのですが、私はボランティアは自主的なものであると思うので、文部省の奉仕活動義務化には反対です。知事の考えはどうですか。」との質問には、「私もまったく同意見」と答えました。

また、松代大本営の保存運動をしてきた篠ノ井旭高校の生徒から「松代大本営の平和祈念館づくりに協力してください」という要望には、「この前、みなさんの案内で見学しました。私は全面的に協力していきます」と答えました。

その他、「知事の脱ダム宣言に大賛成です。山小屋のトイレの垂れ流し対策もしてください」「学習指導要領のゆとり教育の円周率のことなどは疑問に思います」などの質問にもていねいに応えていました。

(7)知事との討論集会の感想

「半年も前からこの集会を企画し、すべて高校生で準備してきました。だから不安もありましたが、初めての高校生と県知事との討論集会を私たちの力で実現することができました。実行委員のみんなと毎日のように話し合い、悩み考えてきた、こんな集会をまたやってみたいと思います。」実行委員の感想です。生徒たちのこの集会の取りくみを通じて、平和ゼミナールに多くの高校生が加入してきました。

高校生の行政や政治への社会参加は、大人が少しサポートしてやるだけでりっぱにできます。社会参加による主権者教育を広げていくためには、行政が子どもたちの声を聴く機会を増やしていくことが必要です。

3　長野県の高校統廃合反対に取り組んだ高校生たち

（1）長野県の学校統廃合計画が県民の反対で阻止された

２００６年９月15日、長野県議会は長野県教育委員会提出の高校統廃合に関する９議案のうち６議案を否決し、「新たな高校の将来ビジョンの策定を求める決議」を可決しました。これをうけて県教委は９月26日に統廃合計画を「凍結」と発表し、２００７年６月の教育委員会定例会で事実上の「撤回」を決定しました。

全国的に生徒減を理由とした学校統廃合が各都道府県・市町村ですすめられています。

そして、教育委員会が策定した統廃合計画が県民の反対運動で撤回された例はほとんどありません。長野県でこの反対運動の中心になったのは、統廃合対象校の同窓会・PTA・生徒会・地域住民、そして県高等学校教職員組合（高教組）でした。また、高校生も対象校・非対象校を超えて全県的な運動を展開して県議会・県民世論にも影響を与えたのです。

(2) 反対に立ち上がった高校生たち

２００４年1月の国連・子どもの権利委員会最終所見は「学校その他の施設において、子どもに関する方針を決定するための会議、委員会その他の会合に、子どもが継続的かつ全面的に参加することを確保すること」と日本政府に勧告しました。実際にヨーロッパでは、子どもたちが学校運営に決定権を持って参加するとともに、教育行政にも参加できることが制度化されています。しかし、日本においては子どもの学校運営参加も教育行政参加も全く制度化されていません。

長野県の高校統廃合計画に対して、高校生たちが立ち上がり教育行政に意見表明していきました。その発端は、２００５年6月の県教委の高校再編整備校案（統廃合案）の突然の発表の翌日に開催された県立伊那北高校の文化祭での田中知事との討論集会でした。高校生たちは県の高校改革プラン・統廃合計画に対して疑問や反対意見を次々と表明し、「高校生の声を取り入れて欲しい」と述べました。

こうした多数の高校生の意見に対して、知事は「そういう場は自分たちでつくるべきだ、その時は協力する。それが行動民主主義だ」と答えました。しかし、その後、田中知事は自分が連載している週刊誌に、この集会での高校生たちの発言を「高教組の受け売り発言だ」と書き、根拠のない記事で高校生たちの怒りを買いました。

伊那北高校の生徒会副会長を中心につくっていった高校生たちの実行委員会準備会は全県高校生集会を企画し、県教育委員会（県教委）事務局に参加を依頼しましたが、当時の県教委は2カ月間にわたり集会をやめるよう圧力をかけました。

（3）高校生と教育長らとの討論集会

しかし高校生たちは高教組からの後援申し出も断りながら、自力で実行委員会を結成して全県90校の生徒会に開催通知を送りました。そして、10月に全県高校生集会を開催し、全県から21校２３０人の高校生が参加しました。参加依頼した田中知事は参加しませんでしたが、出席した県教委の教育次長ら5名に対し、高校生たちは「県教委として高校生の声を聞く機会をつくるべき」「推進委員会への高校生の参加を保障して欲しい」「30人学級にすれば統廃合の必要はない」など3時間にわたる討論を展開しました。

その後、「上伊那高校生の声を届ける会」の発足など各地域の高校生による活動が始まり、12月には全会派の県議会議員による「高校改革プラン研究会」のメンバーと12校26名の高校生たちとの意見交換会が開かれました。

２００６年3月には、第2回全県高校生集会を開き、20校２００名が参加して教育長はじめ県教委担当者ら8名と討論し、「定時制を廃校にして多部制単位制高校をつくり吸収するというが、定時制生徒の心のケアの場をなくすことになる」「新しいタイプの高校に魅力があるとしているが、今学んでいる学校にこそ魅力があり潰さないでほしい」などと発言が続きました。

全県高校生集会の実行委員会は県教委の統廃合計画「凍結」発表まで活動を続けましたが、実行委員会は統廃合対象校ではない学校の生徒たちが中心であったことが特徴的です。全国的には埼玉の定時制高校などの対象校になった生徒たちの廃校反対の運動は知られていますが、対象校ではない生徒たちの運動はほとんどありません。従来からの受験競争に加え、新自由主義による競争と自己責任のイデオロギーが子どもたちに押し付けられ、子どもたちの中にクラスのみんなと共に行事に取り組むことなどを嫌う傾向が増え、連帯感が失われつつある状況下での高校生たちの連帯の活動でした。

また、再編整備対象校となった各高校の生徒会は臨時生徒総会などを開いて活動方針を決め、文化祭での地元住民との公開討論会の実施や県教委主催の地域説明会に参加しての意見表明、学校存続を求める街頭署名活動と県教委への提出・請願などに取り組みました。

【注】

1　『武庫川女子大学大学院　教育学研究論集』第7号、２０１３年

2　大津尚志「ヨーロッパにおける高校生団体と主権者教育」『高校生活指導』第２０１号、教育実務センター、２０１６年3月

コラム④

学校・地域で参加活動をした若者たちは、今

学校参加と地域参加・社会参加で生徒たちは成長すると述べましたが、高校時代に活動した生徒たちは今どうしているのでしょう。

辰野高校で地域との連携活動を始めた元生徒会長の三澤さんは地域活動を通じて、地域づくりに関心をもち神奈川大学の自治行政学科に進学しました。卒業して、現在は地元の会社に就職しましたが、東京営業所勤めで、「早く地元に帰り、地域づくりに参加したい」と述べています。

長野県の高校統廃合についての全県高校生集会を実現した元伊那北高校生徒会副会長の瀧澤さんは、早稲田大学で学んで現在は朝日新聞の記者をしています。彼は「学校は生徒と教師と地域の関わりによって成り立つもので、その大人たちとの関わりの中で自分の頭で考える力と機会を手にすることができた」と述べています。

雑誌『ビッグイッシュー』が特集した「松代大本営を保存しようとした中高校生たち」という記事があります。その3人の女性は、中学生の時から「松代大本営の保存をすすめる会」に入り大人たちと地域で活動し、高校時代は高校生平和ゼミナールのリーダー

コラム④

として活躍しました。

香山さんは全国高校生平和集会を松代で開いて、全国から250人もの高校生を集めました。日本福祉大学卒業後、「人がみんな笑顔になることをやりたい」とサーカスのクラウン（ピエロ）になりボリショイサーカスでも公演してきました。現在はフリーで活躍しています。

白沢さんは中央大学で公共政策を学びながら住民投票・模擬投票運動をしてきました。

馬場さんは明治大学政経学部卒業後、NGOのボランティア活動をアジア・アフリカで行い、NHK記者、毎日新聞記者をつとめた後、イギリスの大学院で紛争解決学を学び、現在はロンドンでジャーナリストとして活動しています。

彼女たちは「現在の自分の基本をつくったのは松代で、松代での活動がなければ今の私はない」と言っています。

私たちが子どもたちに主権者として身につけて欲しい学力、シティズンシップを、この若者たちは学校と地域での活動から、教師や地域の人々との協同の活動から身につけていきました。主権者を育てる教育にとっての学校のあり方、地域のあり方、そして学校と地域のあり方を考えさせてくれます。

あとがき

２０１４年に出版した北海道美瑛高校、茨城県立小川高校、長野県辰野高校の生徒会による地域活動の本『地域を変える高校生たち―市民とのフォーラムからボランティア、まちづくりへ』が3刷りになり、多くのみなさんに読まれています。そして、日本ユネスコ協会、明るい選挙推進協会から、この高校生たちの活動を話して欲しいと依頼され講演しています。

また、18歳選挙権が決定されてから、主権者教育についての新聞社からの取材や全国の教職員団体からの講演依頼が続いています。

そうした講演内容などを本にしてほしいという要望があり、この本にまとめました。高校生の生徒会の自治的活動や部活動、地域活動を通しての主権者教育、シティズンシップ教育を高校現場で実践してきたこと、また現在は大学の教育学の授業で教え、研究している内容について高校生にも分かるように書いたものです。

選挙のための有権者教育だけに狭めないで、地域を、国をつくっていく主権者を育てる主権者教育、地域の市民から世界のことを考える世界市民を育てるシティズンシップ教育について、ここでは公民科の授業以外でできる実践を紹介しました。

高校生、教職員、父母、そして地域づくり活動をしているみなさん、教育学部の学生に読んでいただきたいと願っています。

かもがわ出版の三井隆典取締役会長には、『学校を変える生徒たち―三者協議会の根づく長野県辰野高校』『地域を変える高校生たち―市民とのフォーラムからボランティア、まちづくりへ』について3冊目の編集、発行でお世話になりました。感謝申し上げます。

首都大学東京教育学研究室のみなさん、また、お世話になっている研究者、友人のみなさん、家族に感謝申しあげます。

2016年3月3日

宮下与兵衛

各章の元になった論文は以下のようです。この本に収録するに当たり加筆修正しました。

第一章　「18歳選挙権と政治教育をめぐって」『人間と教育』２０１５年冬号、旬報社

第二章　「戦後の学校運営への生徒参加の歴史と辰野高等学校の三者協議会」『参加と共同の学校づくり』草土文化、２００８年

第三章　「生徒参加による学校運営と民主主義」『教育』２０１０年６月号、国土社

「生徒参加の学校づくりと特別権力関係論」『教育』２０１３年11月号、かもがわ出版

第四章　「地域をつくる主権者を育てる」『教育』２０１５年８月号、かもがわ出版

「地域に根ざした学校づくりの可能性と課題―長野・北海道・茨城の三高校の事例研究から」『日本教育政策学会年報』第21号、八月書館、２０１４年

第五章　「貧困生徒に『生きる力』をつける―定時制高校における取り組み」『学校教育研究』NO. 27、教育開発研究所、２０１２年

第六章　「すべての生徒に憲法学習を―学校ぐるみの憲法学習のとりくみ」『高校のひろば』Vol. 55、旬報社、２００５年

第七章　「高校生の学校参加から県政参加へ」『高校のひろば』Vol. 41、旬報社、２００１年

「高校つぶしから『地域の高校』を育てる流れをつくろう」『高校のひろば』Vol. 84、旬報社、２０１２年

宮下与兵衛（みやした・よへえ）

首都大学東京・特任教授。1953年長野県生まれ。早稲田大学卒業後、長野県の高校教員を37年間勤める。辰野高校には1996年度から2007年度まで勤務。54歳で休職して大学院に入り、翌年から定時制高校に勤務しながら、東京大学大学院教育学研究科博士後期課程単位取得退学。定年退職後の2013年度より現職。教育科学研究会常任委員。

著書：『学校を変える生徒たち—三者協議会の根づく長野県辰野高校』（かもがわ出版、2004年）

編著：『地域を変える高校生たち—市民とのフォーラムからボランティア、まちづくりへ』（かもがわ出版、2014年）

『子ども・学生の貧困と学ぶ権利の保障—貧困の実態と教育現場のとりくみ』（平和文化、2010年）

共著：『開かれた学校づくりの実践と理論』（同時代社、2010年）

『参加と共同の学校づくり—「開かれた学校づくり」と授業改革の取り組み』（草土文化、2008年）

『わたしたちの日本国憲法』（平和文化、1999年）

『高校生が追う戦争の真相』（教育史料出版会、1991年）

高校生の参加と共同による主権者教育

ー生徒会活動・部活動・地域活動でシティズンシップを

2016年4月15日　第1刷発行

発行者　竹村正治

発行所　株式会社かもがわ出版

〒602-8119　京都市上京区堀川通出水西入

TEL075-432-2868　FAX075-432-2869

振替 01010-5-12436

ホームページ http://www.kamogawa.co.jp

製　作　新日本プロセス株式会社

印刷所　シナノ書籍印刷株式会社

ISBN978-4-7803-0834-1 C0037